中国劳动关系的实践探索与理论研究

谢鹏鑫 冯娇娇 杨付 /著

西南财经大学出版社
中国·成都

图书在版编目(CIP)数据

中国劳动关系的实践探索与理论研究/谢鹏鑫,冯娇娇,杨付著.—成都：西南财经大学出版社,2023.4
ISBN 978-7-5504-5700-3

Ⅰ.①中… Ⅱ.①谢…②冯…③杨… Ⅲ.①劳动关系—研究—中国 Ⅳ.①F249.26

中国国家版本馆 CIP 数据核字(2023)第 040813 号

中国劳动关系的实践探索与理论研究
ZHONGGUO LAODONG GUANXI DE SHIJIAN TANSUO YU LILUN YANJIU
谢鹏鑫　冯娇娇　杨　付　著

责任编辑:王　利
责任校对:植　苗
封面设计:墨创文化
责任印制:朱曼丽

出版发行	西南财经大学出版社(四川省成都市光华村街55号)
网　　址	http://cbs.swufe.edu.cn
电子邮件	bookcj@swufe.edu.cn
邮政编码	610074
电　　话	028-87353785
照　　排	四川胜翔数码印务设计有限公司
印　　刷	成都市火炬印务有限公司
成品尺寸	170mm×240mm
印　　张	10.75
字　　数	176 千字
版　　次	2023 年 4 月第 1 版
印　　次	2023 年 4 月第 1 次印刷
书　　号	ISBN 978-7-5504-5700-3
定　　价	68.00 元

1. 版权所有，翻印必究。
2. 如有印刷、装订等差错,可向本社营销部调换。

内容简介

劳动关系是劳资双方在劳动过程中建立的一种社会经济关系，它是劳动者维护自身权益的根本依据。构建中国特色和谐劳动关系是经济持续健康发展的重要保证，是巩固党的执政基础和党的执政地位的必然要求。我国在劳动关系领域的实践探索和理论研究，将为新形势下构建和谐劳动关系提供重要的借鉴。

基于我国不同阶段的发展目标对劳动关系的影响，本书将我国劳动关系的发展划分为五个阶段：劳动关系初建阶段、劳动关系多元化阶段、新型劳动体制建立阶段、劳动关系协调发展阶段、新时代劳动关系发展阶段。本书对每个阶段劳动关系的实践探索和理论研究进行了梳理和归纳，分析了不同阶段劳动关系主体之间的互动关系和劳动关系的核心研究主题。在此基础上，本书梳理了我国劳动关系的实践演进和理论研究趋势。最后，以习近平新时代中国特色社会主义思想为指导，提出了中国情境下劳动关系的实践启示和研究展望。

前　言

劳动关系是劳资双方在劳动过程中建立的一种社会经济关系，它是劳动者维护自身权益的根本依据。当今世界正经历百年未有之大变局，我国正处于重大转型期与战略机遇期。在外部冲击与内部改革的新形势下，劳动关系不同主体的利益诉求日益多元化和复杂化，各种类型的劳资冲突不断涌现。构建中国特色和谐劳动关系是经济持续健康发展的重要保证，是巩固党的执政基础和党的执政地位的必然要求。我国在劳动关系领域的实践探索和理论研究，将为新形势下构建和谐劳动关系提供重要的借鉴。

本书从不同角度对我国劳动关系的实践和理论研究进行了回顾，发现现有研究在研究视角、研究内容、研究阶段、研究方法等方面仍存在不足之处。首先，在研究视角上，现有研究大多仅从劳动关系的单一主体角度展开理论和实践研究，忽视了不同劳动关系主体之间的互动关系。其次，在研究内容上，现有研究主要聚焦于员工参与、劳动关系治理、企业劳动关系评价、和谐劳动关系构建等方面，对中国共产党在劳动关系工作中的地位和作用缺乏深入研究。再次，在研究阶段上，不同学者对劳动关系的发展阶段进行了划分，但尚未形成统一定论。最后，在研究方法上，大量文献采用定性的研究方法进行文献综述，定量研究较为缺乏，将定性和定量研究结合起来进行综述的文章较少。

我国劳动关系研究基于具有中国特色的劳动关系实践，旨在解决劳动关系的实践问题，同时又对劳动关系的实践具有指导作用。我国不同阶段的发展目标对劳动关系实践产生了深刻的影响，进而影响了劳动关系的研究内容。基于此，本书将 1949 年 10 月以来我国劳动关系的发展划分为五个阶段。1949 年 10 月中华人民共和国成立后，我国逐步建立社会主义计划经济体制。此时，劳动关系的发展尚处于探索初建阶段，以期建立与计划经济体制相适应的劳动行政体系。1978 年底，党的十一届三中全会做出了实行改革开放的历史性决策，我国开始从传统的计划经济体制向社会主义市场经济体制转变。劳动制度改革以建立市场化调节的劳动关系制度为目标，劳动关系进入多元化发展阶段。1992年10月，党的十四大召开并提出了建立社会主义市场经济体制的改革目标，改革开放和现代化建设进入新的阶段，劳动制度改革进一步深化。我国的劳动关系进入新型劳动体制建立阶段，从过去依靠行政手段调节劳动关系向劳动关系自主调节为主、政府依法宏观调控为辅的新型制度转变。2002年11月，党的十六大确定了全面建设小康社会的奋斗目标，在经济建设和经济体制改革中，提出了健全现代市场体系，发展劳动力市场，深化分配制度改革，健全社会保障体系的要求。我国劳动关系进入协调发展阶段，劳资矛盾突出，亟须协调劳资双方的利益，发挥集体协商制度、三方协商机制、劳动纠纷预防调处机制协调劳动关系的作用。2012年11月，党的十八大召开，确立了全面建成小康社会和全面深化改革开放的目标，中国特色社会主义进入新时代。我国的经济发展由高速增长阶段转向高质量发展阶段，必须加快完善社会主义市场经济体制和加快转变经济发展方式，构建和谐劳动关系。2017年10月，党的十九大召开，提出了决胜全面建成小康社会，夺取新时代中国特色社会主义伟大胜利的奋斗目标。同时，明确提出贯彻新发展理念，建设现代化经济体系。2022年10月，党的二十大召开，提出了全面建成社会主义现代化强国、实现第二个百年奋斗目标，以中国式现代化全面推进中华民族伟大复兴。同时，提出加快构建新发展格局，着力推动高质量发展，实施就业优先战略。高质量发展的目标、人口规模和结构的变化、新经济新业态的迅速发展、就业优先政策的支持等对新时代劳动关系的发展产生了深远的影响。数字时代劳动关系的管理与治理成为新时代劳动关系发展阶段的重要特征。在对我国劳动关系的发展阶段进行划分的基础上，本书对每个阶段劳动关系的实践探索进行了梳理，分析了不同阶段劳动关系主体之间的互动关系。

结合对1949年10月以来我国劳动关系相关研究文献的可视化分析结果，本书还对不同阶段劳动关系的研究主题进行了归纳。在劳动关系初建阶段，研究主要关注社会制度的建立促进平等互助劳动关系的形成、国营企业劳动关系管理、劳动者基础工资权益保障、劳动价值理论研究等方面。在劳动关系多元化阶段，研究聚焦于改革开放对多元化劳动关系治理的影响、不同所有制企业的劳动关系管理策略、多样化的劳动权益保障渠道、劳动法出台前的研讨与论证、劳动争议处理机制的初探。在新型劳动关系建立阶段，研究主题是劳动体制改革对劳动关系协调机制的影响、国有企业劳动关系管理策略、下岗职工的劳动权益保障、劳动法的实施与现存问题。在劳动关系协调发展阶段，学者主要研究了和谐劳动关系建设目标对劳动关系治理的影响、企业和谐劳动关系的构建、非正规就业者的劳动权益保障、劳动合同法对劳动关系的调整效果等。在新时代劳动关系发展阶段，研究主要关注新时代劳动关系治理面临的挑战、企业多样化的劳动关系管理策略、新就业形态下劳动者的权益保障、工会改革实践与新就业形态下的维权路径等。在此基础上，本书梳理了我国劳动关系理论研究的演进过程和趋势。

本书的主要理论贡献包括：第一，以我国不同历史阶段的发展目标对劳动关系的影响为依据，将1949年10月以来的劳动关系发展划分为五个阶段，系统梳理了劳动关系的实践探索和理论研究，弥补了以往对中国共产党在劳动关系发展中的作用研究的不足，为劳动关系研究提供了新的视角。第二，本书从党、劳、资、政多方主体互动关系出发，对劳动关系的实践探索和理论研究进行梳理，既强调了劳动关系主体在劳动关系中的重要作用及互动关系，又跳出了特定主体视角，摆脱了单一视角的局限性，整体还原了中国劳动关系研究的历史演进过程。第三，以习近平中国特色社会主义思想为指导，构建中国特色劳动关系的研究框架，开拓了劳动关系研究的理论视角。这些研究命题将为我国未来的劳动关系研究提供新的思路。

本书也为未来我国劳动关系的实践提供了新思路：首先，深入贯彻习近平新时代中国特色社会主义思想，奋力推进新时代劳动关系高质量发展。其次，密切关注劳动关系发展的新形势和新问题，创新探索劳动关系的治理机制。最后，充分尊重劳动者的知识与创造，努力实现劳动者体面劳动和全面发展。

本书既是对我国劳动关系领域实践经验的全面客观总结，也是对劳动关系理论研究的系统梳理。更重要的是，本书以习近平新时代中国特色社会主义思想为指导，提出了未来我国劳动关系理论研究的重要命题和未来实践的发展趋势，将为我国劳动关系未来的理论研究和实践提供一定的指导。

本书基于大量历史资料和文献撰写而成，西南财经大学硕士研究生屈萌、邹子康、高雅琴、张琪若、郑鹏，本科生汤应进、向欣悦、欧阳萌萌、杨蕊、谯乐嘉、付安琪、吴发洪等参与了历史资料和文献搜集整理工作，在此表示衷心感谢。感谢西南财经大学"中央高校基本科研业务费专项项目"和西南财经大学公共管理学院学科建设经费的支持。

  本研究所涉及时间跨度较大、内容较多，书中一定还有疏漏与不足之处，希望读者和同行专家不吝指正。

谢鹏鑫

2023 年 1 月

目　录

引言 / 1

第一篇　劳动关系初建阶段：1949—1977年

第一章　劳动关系初建阶段的实践探索 / 11
第一节　推动国营企业民主化管理和资本主义工商业改造 / 11
第二节　开展增产节约运动，完善劳动保护制度 / 14
第三节　明确工会性质并规范组织建设 / 16
第四节　劳动关系主体之间的互动 / 17

第二章　劳动关系初建阶段的理论研究 / 19
第一节　社会主义制度的建立促进了平等互助劳动关系的形成 / 21
第二节　国营企业劳动关系管理研究 / 22
第三节　劳动者基础工资权益保障 / 23
第四节　劳动价值理论研究 / 25

第二篇　劳动关系多元化阶段：1978—1991 年

第三章　劳动关系多元化阶段的实践探索 / 31
　　第一节　领导工会和工人阶级进行四个现代化建设 / 31
　　第二节　推动多种所有制企业实施民主管理 / 33
　　第三节　加强法制化建设推动劳动保护事业发展 / 34
　　第四节　不断加强工会组织建设 / 35
　　第五节　劳动关系主体之间的互动 / 37

第四章　劳动关系多元化阶段的理论研究 / 39
　　第一节　改革开放对多元化劳动关系治理的影响 / 41
　　第二节　不同所有制企业劳动关系管理策略研究 / 42
　　第三节　多样化的劳动权益保障渠道 / 44
　　第四节　劳动法出台前的研讨与论证 / 45
　　第五节　劳动争议处理机制初探 / 47

第三篇　新型劳动体制建立阶段：1992—2001 年

第五章　新型劳动体制建立阶段的实践探索 / 53
　　第一节　深入推进社会主义市场经济体制与新型劳动体制改革 / 53
　　第二节　创新企业民主管理形式 / 55
　　第三节　初步建立劳动法制系统保障劳动者权益 / 56
　　第四节　工会不断加强思想建设和组织革新 / 58
　　第五节　劳动关系主体之间的互动 / 60

第六章　新型劳动体制建立阶段的理论研究 / 62
　第一节　劳动体制改革对劳动关系协调机制的影响 / 64
　第二节　国有企业劳动关系管理策略研究 / 65
　第三节　下岗职工劳动权益保障研究 / 68
　第四节　《劳动法》的实施与现存问题 / 70

第四篇　劳动关系协调发展阶段：2002—2011 年

第七章　劳动关系协调发展阶段的实践探索 / 77
　第一节　大力提高劳动者素质 / 77
　第二节　工会多渠道保障劳动者权益 / 78
　第三节　推动完善劳动法规体系 / 81
　第四节　企业积极配合推动民主管理 / 83
　第五节　劳动关系主体之间的互动 / 84

第八章　劳动关系协调发展阶段的理论研究 / 87
　第一节　和谐劳动关系建设目标对劳动关系治理的影响 / 89
　第二节　企业和谐劳动关系构建的现状与路径 / 91
　第三节　非正规就业者的劳动权益保障 / 93
　第四节　《劳动合同法》对劳动关系的调整 / 96

第五篇　新时代劳动关系发展阶段：2012 年至今

第九章　新时代劳动关系发展阶段的实践探索 / 103
　第一节　弘扬新时代劳动价值观 / 103
　第二节　以法制推动新时代和谐劳动关系的构建 / 105

第三节　发挥企业在构建和谐劳动关系中的重要作用 / 109
第四节　全面深化工会改革以顺应新时代要求 / 110
第五节　劳动关系主体之间的互动 / 111

第十章　新时代劳动关系发展阶段的理论研究 / 113
第一节　新时代劳动关系治理面临的挑战 / 115
第二节　企业多样化劳动关系管理策略研究 / 118
第三节　新就业形态劳动者权益保障研究 / 121
第四节　工会改革实践与新就业形态下的维权路径研究 / 124

第六篇　结论与展望

第十一章　结论 / 129

第十二章　展望 / 133
第一节　中国情境下劳动关系研究展望 / 133
第二节　中国劳动关系的实践发展趋势 / 139

参考文献 / 143

引 言

  劳动关系是劳资双方在劳动过程中建立的一种社会经济关系[①]，它是劳动者维护自身权益的根本依据。当今世界正经历百年未有之大变局，我国正处于重大转型期与战略机遇期。在外部冲击与内部改革的新形势下，劳动关系不同主体的利益诉求日益多元化和复杂化，各种类型的劳资冲突不断涌现。2015年，中共中央、国务院发布《关于构建和谐劳动关系的意见》，明确提出构建中国特色和谐劳动关系是经济持续健康发展的重要保证，是巩固党的执政基础和党的执政地位的必然要求。我国劳动关系领域的实践探索和理论研究，将为新形势下构建和谐劳动关系提供重要的借鉴。

  中国劳动关系的萌芽可追溯到明清时期崛起的晋徽商帮，其呈现出典型的"资本雇佣劳动"特征[②]。1912年1月1日—1949年9月30日的民国时期，基于"劳资两利"原则形成了以政府、"劳动组合"的工会等劳工组织和商会等为代表的雇主组织进行"三方协调解决"的劳动关系[③]。从1949年10月中华人民共和国成立到1956年，我国的中心任务是恢复和发展经济，继续沿袭"劳资两利"的基本思想，实现了"一化三改造"的目标。1956年后，我国建立了与社会主义计划经济体制相适应的计划性劳动关系，以"统包统配"的固定用工制度、平均化的工资制度和全面保障的职工福利制度为基本特征[④]。1978年底，党的十一届三中全会召开，通过了实行改革开放的决定，我国进入了由固定用工制度向劳动合同制度转

---

  ① 常凯.劳动关系·劳动者·劳权：当代中国的劳动问题［M］.北京：中国劳动出版社，1995：78-80.
  ② 李宝元，董青，仇勇，等.百年中国劳动关系演化的基本路径及走势［J］.经济理论与经济管理，2015（6）：69-79.
  ③ 李宝元，董青，仇勇，等.百年中国劳动关系演化的基本路径及走势［J］.经济理论与经济管理，2015（6）：69-79.
  ④ 刘向兵，闻效仪，潘泰萍，等.中国劳动关系研究70年回顾与展望［J］.中国劳动关系学院学报，2020，34（2）：1-10.

变的过渡时期，初步建立了新型劳动关系[①]。1992年10月，党的十四大明确提出了建立社会主义市场经济体制的改革目标，通过深化国有企业的市场化改革，鼓励非公有制经济发展，建立配套的劳动法律制度等方式，实现劳动关系的市场化转型[②]。2004年后，和谐劳动关系成为构建和谐社会的重要内容，通过完善劳动法律法规和劳动关系三方协商机制、开展劳动争议处理和劳动保障监察工作[③]，逐步解决劳资双方力量失衡的问题，初步建立和谐劳动关系。2012年以来，我国已基本建立了适应社会主义市场经济体制的劳动关系治理体系[④]。劳动者内部分化加剧，就业形式多样化，利益诉求多元化，权益保障不够到位等问题突出，对劳动关系工作提出了新要求。

中国虽拥有了规模最大的工人群体，但基本保持了劳动关系的和谐稳定。在此过程中，劳动关系研究对劳动关系实践发挥了重要的指导作用。学术界从不同角度对劳动关系的实践和理论研究进行了回顾，主要有以下几种不同的视角：

第一，研究中国劳动关系总体的历史演进，对我国的劳动关系研究进行阶段划分和总结。例如，唐鑛和刘华根据劳动力就业特点对劳动关系在不同阶段的不同模式进行了详细阐述。他们以1985年与2008年为时间节点，将我国劳动关系发展阶段划分为国家雇佣为主、国家雇佣与非公雇佣此消彼长的混合雇佣模式与非公雇佣为主三个阶段[⑤]。在此基础上，他们总结出我国劳动关系发展的三个特征，即用工模式的多元化、工资向按劳分配转变以及劳动关系法律体系逐渐建立和完善。陈万思和白雨菲使用CiteSpace软件对1949年10月—2018年CNKI数据库的劳动关系主题论文进行计量分析，识别主要科研机构、关键文献，把握研究热点演进[⑥]，绘制关键词战略图，根据关键词的分布象限对未来劳动关系发展方向做出了

[①] 卢江，陈弼文.论新中国70年劳动关系演进：基于政府与市场作用的视角[J].经济纵横，2019（10）：24-34.
[②] 刘向兵，闻效仪，潘泰萍，等.中国劳动关系研究70年回顾与展望[J].中国劳动关系学院学报，2020，34（2）：1-10.
[③] 宋士云.改革开放以来中国企业劳动关系变迁的历史考察[J].当代中国史研究，2018，25（1）：19-29，123-124.
[④] 杨志明.新中国70年迈向劳动发展的新时代[J].工会博览，2020（1）：22-25.
[⑤] 唐鑛，刘华.新中国劳动关系70年：发展、变革和迭代[J].求索，2020（3）：130-138.
[⑥] 陈万思，白雨菲.新中国成立70年来劳动关系研究知识图谱与演进：基于1949—2018年间5 820篇文献的计量分析[J].中国劳动关系学院学报，2020，34（3）：51-62，84.

预测。李友钟回顾了中国共产党领导工人运动的百年历程，提取出了各阶段党领导工人运动的阶段性特征，总结出了党成功领导工人运动的行之有效的做法、路径与机制①。孙璇基于马克思主义劳动观视域梳理了党对劳动问题的探索历程与实践经验，提出新时代党领导下劳动问题治理应继承和发展马克思主义劳动观，坚持党的领导，发挥社会主义制度优势并大力推动劳动关系治理体系与治理能力现代化②。

第二，从劳动关系的特定主体出发进行文献综述。对劳动关系参与主体进行深入的纵向研究，能更加深刻地揭示不同劳动关系主体的历史演进与研究发展。例如，张皓和吴清军将中国劳动关系领域中关于政府的相关研究分为对政府的性质、劳动关系治理模式的研究与对政府在劳动关系治理中角色的研究③，并认为该类研究忽视了现实的复杂性，基于政府实践行为的角色研究对此进行了补充。朱飞和胡瑞博从企业的角度出发，从雇佣关系形式与合理性视角对改革开放40年来我国企业劳动关系管理研究进行了回顾与述评，针对企业的管理实践如战略人力资源管理等进行了深入分析④。

第三，对劳动关系领域的热点主题进行深入分析，如聚焦劳资博弈、劳资冲突及其解决等问题进行综述。这类综述由于研究更加聚焦，能够清晰地描述劳动关系具体问题的研究演进过程。如王琳和曹大友以长期目标下的劳资冲突解决和短期目标下的劳资冲突应对为研究视角，在探讨劳资冲突的含义、表现形式与分类及原因后，对已有的劳资冲突处理手段进行归纳和总结⑤。在此研究视角下的劳动冲突处理研究出现了明显的研究重点分布不均，并发现短期目标下的劳资冲突应对策略相对较为稀缺。王倩从法学视角对近年共享经济用工中劳动关系认定这一热点问题进行深度剖析，厘清共享经济用工的特殊性与研究的大致概况后，梳理了目前学界对

---

① 李友钟.中国共产党领导中国工人运动的百年历程与经验启示［J］.工会理论研究（上海工会管理职业学院学报），2021（4）：4-20.

② 孙璇.马克思主义劳动观视域下建党百年来党对劳动问题的探索历程与实践经验［J］.中国劳动关系学院学报，2021，35（3）：65-73.

③ 张皓，吴清军.改革开放40年来政府劳动关系治理研究述评［J］.中国人力资源开发，2019，36（1）：116-128.

④ 朱飞，胡瑞博.企业劳动关系管理研究在中国：改革开放40年来研究的回顾与述评［J］.中国人力资源开发，2018，35（10）：83-96.

⑤ 王琳，曹大友.基于时间维度的劳资冲突解决述评及展望［J］.中国人力资源开发，2015（15）：87-92.

共享经济用工中劳动关系的初步共识与争论焦点[1]。

第四,对劳动关系理论进行深入挖掘和批判性述评。这类综述关注了劳动关系研究的基础理论,重新审视了劳动关系研究的发展路径。如冯同庆梳理了改革开放30年来劳动关系理论的发展演变,认为我国的劳动关系理论在初始研究、沉寂后重启和进一步发展后初步形成了不同的理论学派,并将劳动关系理论分为四个学说[2]。在此基础上,冯同庆对劳动关系现状特征进行了概括,认为中国劳动关系具有源起的强接续性、性质的准契约性、主体的类公民性、运行的显自协性、规范的弱制度性和走向的趋功能性六个特征。

虽然学术界从不同角度对我国劳动关系的实践和理论研究进行了回顾和梳理,但现有研究在研究视角、研究内容、研究阶段、研究方法等方面仍存在不足之处。

首先,在研究视角上,现有研究大多仅从劳动关系的单一主体角度展开理论和实践研究,忽视了不同劳动关系主体之间的互动关系。大部分研究聚焦于劳动者[3]、企业[4]和政府[5]这三个传统的劳动关系主体。

其次,在研究内容上,现有研究主要聚焦在员工参与[6]、劳动关系治理[7]、企业劳动关系评价[8]、和谐劳动关系构建[9]等方面。而党的领导为明确劳动关系发展方向、优化劳动关系治理职能、领导劳动制度改革提供了

---

[1] 王倩. 共享经济用工中的劳动关系认定理论研究综述 [J]. 中国劳动关系学院学报, 2020, 34 (2): 76-82.

[2] 冯同庆. 中国改革开放以来劳动关系理论研究的回顾 [J]. 中国劳动关系学院学报, 2009, 23 (1): 19-24.

[3] 吕梦捷. 劳动关系视角下的员工参与研究述评 [J]. 中国人力资源开发, 2015 (3): 93-99.

[4] 朱飞, 胡瑞博. 企业劳动关系管理研究在中国: 改革开放40年来研究的回顾与述评 [J]. 中国人力资源开发, 2018, 35 (10): 83-96.

[5] 张皓, 吴清军. 改革开放40年来政府劳动关系治理研究述评 [J]. 中国人力资源开发, 2019, 36 (1): 116-128.

[6] 谢玉华, 何包钢. 工业民主和员工参与: 一个永恒的话题: 中国工业民主和员工参与研究述评 [J]. 社会主义研究, 2008 (3): 86-93.

[7] 杨莉. 如何平衡效率与合法性?: 改革开放40年来中国政府调整劳动关系的研究述评 [J]. 公共行政评论, 2018, 11 (2): 160-175, 193-194.

[8] 何圣. 关于劳动关系评价研究综述 [J]. 经济纵横, 2007 (8): 85-87.

[9] 刘铁明, 罗友花. 中国和谐劳动关系研究综述 [J]. 马克思主义与现实, 2007 (6): 139-142.

政治保障[1]。

再次,在研究阶段上,不同学者对劳动关系的发展阶段进行了划分,但尚未形成统一定论。现有研究主要从中国特色劳动关系实践[2]、主要雇佣模式[3]、政府与市场的作用[4]、重要法律的出台[5]等角度对劳动关系的演进进行了划分,较少有研究基于我国不同阶段的发展目标对劳动关系的影响来探讨我国劳动关系的演进趋势。

最后,在研究方法上,大量文献采用定性的研究方法进行文献综述,定量研究较为缺乏,将定性和定量研究结合起来进行综述的文章较少。陈万思和白雨菲[6]利用文献可视化分析软件对劳动关系领域的作者、机构与研究热点等信息进行定量研究,有助于其他学者对劳动关系研究的快速了解,但定性研究的缺乏使得其无法很好地把握劳动关系研究的历史脉络。在研究范围上,大多数文献综述仅将中文文献纳入研究范围,仅在涉及劳动关系理论综述上引入英文文献的分析。英文文献缺失使得劳动关系研究的完整性与科学性受损。

我国劳动关系的研究基于具有中国特色的劳动关系实践,旨在解决劳动关系的实践问题,同时又对劳动关系的实践具有指导作用。我国不同阶段的发展目标对劳动关系实践产生了深刻的影响,进而影响了劳动关系的研究内容。基于此,本书将对我国不同发展阶段有重要影响的会议作为劳动关系阶段划分的时间节点,将1949年10月以来我国劳动关系的发展划分为五个阶段:劳动关系初建阶段、劳动关系多元化阶段、新型劳动体制建立阶段、劳动关系协调发展阶段、新时代劳动关系发展阶段。

具体而言,1949年10月中华人民共和国成立后,我国逐步建立社会主义计划经济体制。此时,劳动关系的发展尚处于探索初建阶段,以期建

---

[1] 孙璇. 马克思主义劳动观视域下建党百年来党对劳动问题的探索历程与实践经验 [J]. 中国劳动关系学院学报, 2021, 35 (3): 65-73.

[2] 刘向兵, 闻效仪, 潘泰萍, 等. 中国劳动关系研究70年回顾与展望 [J]. 中国劳动关系学院学报, 2020, 34 (2): 1-10.

[3] 唐鑛, 刘华. 新中国劳动关系70年: 发展、变革和迭代 [J]. 求索, 2020 (3): 130-138.

[4] 卢江, 陈弼文. 论新中国70年劳动关系演进: 基于政府与市场作用的视角 [J]. 经济纵横, 2019 (10): 24-34.

[5] 陈万思, 白雨菲. 新中国成立70年来劳动关系研究知识图谱与演进: 基于1949—2018年间5 820篇文献的计量分析 [J]. 中国劳动关系学院学报, 2020, 34 (3): 51-62, 84.

[6] 陈万思, 白雨菲. 新中国成立70年来劳动关系研究知识图谱与演进: 基于1949—2018年间5 820篇文献的计量分析 [J]. 中国劳动关系学院学报, 2020, 34 (3): 51-62, 84.

立与计划经济体制相适应的劳动行政体系,如推动资本主义工商业改造和国营企业民主化管理、完善劳动保护制度等。这一时期的劳动关系治理以追求平等化为目标,主要体现在建立平均化的工资制度和全面保障的职工福利制度。

1978年底,党的十一届三中全会做出了实行改革开放的历史性决策,我国开始从传统的计划经济体制向社会主义市场经济体制转变。劳动制度改革以建立市场化调节的劳动关系制度为目标,劳动关系进入多元化发展阶段,主要表现为从以国营企业为主的单一劳动关系向以多种所有制企业为依托的多元化劳动关系转变,从传统的统包统配向劳动力自由流动转变,从终身雇佣向劳动合同制度转变,从平均化的工资分配向企业自主工资分配转变。

1992年10月,党的十四大召开并提出了建立社会主义市场经济体制的改革目标,改革开放和现代化建设进入新的阶段,劳动制度改革进一步深化。我国的劳动关系进入新型劳动体制建立阶段,从过去依靠行政手段调节劳动关系向劳动关系自主调节为主、政府依法宏观调控为辅的新型制度转变。一方面,国家探索制定基本的劳动法律法规,并出台多项劳动关系改革政策;另一方面,国有企业改革和多种所有制的发展带来了大规模的职工下岗和农民工的权益保障问题。

2002年11月,党的十六大召开,确定了全面建设小康社会的奋斗目标,在经济建设和经济体制改革中,提出了健全现代市场体系,发展劳动力市场,深化分配制度改革,健全社会保障体系的要求。劳动力市场供求结构发生变化,开始出现劳动力短缺现象,劳动者的谈判力量有所提升,开始从基本的法定权利诉求向法律标准之上利益诉求转变。我国劳动关系进入协调发展阶段,劳资矛盾突出,亟须协调劳资双方的利益,发挥集体协商制度、三方协商机制、劳动纠纷预防调处机制协调劳动关系的作用。

2012年11月,党的十八大召开,确立了全面建成小康社会和全面深化改革开放的目标,中国特色社会主义进入新时代。我国的经济发展由高速增长阶段转向高质量发展阶段,必须加快完善社会主义市场经济体制和加快转变经济发展方式,推动实现更高质量就业,构建和谐劳动关系,统筹推进城乡社会保障体系建设。2017年10月,党的十九大召开,提出了决胜全面建成小康社会,夺取新时代中国特色社会主义伟大胜利的奋斗目标。同时,明确提出贯彻新发展理念,建设现代化经济体系,提高就业质量，加强社会保障体系建设。2022年10月，党的二十大召开，提出了全面建成社会主义现代化强国、实现第二个百年奋斗目标，以中国式现代化全面推进中华民族伟大复兴。在经济发展和民生保障方面，提出加快构建新发展格局，着力推动高质量发展，实施就业优先战略，健全社会保障体系。高质量发展的目标、人口规模和结构的变化、新经济新业态的迅速发展、就业优先政策的支持等对新时代劳动关系的发展产生了深远的影响。数字时代劳动关系的管理与治理成为新时代劳动关系发展阶段的重要特征。

在对我国劳动关系的发展阶段进行划分的基础上，本书对每个阶段劳动关系的实践探索和理论研究进行梳理和归纳，分析不同阶段劳动关系主体之间的互动关系和劳动关系的核心研究主题。在此基础上，梳理我国劳动关系的实践演进和理论研究趋势。最后，以习近平新时代中国特色社会主义思想为指导，提出了中国情境下劳动关系发展的未来展望。

第一篇

劳动关系初建阶段：

1949—1977 年

第一章 劳动关系初建阶段的实践探索

1949年10月1日,中华人民共和国成立,标志着中国历史新纪元的开启。中华人民共和国成立之初,劳动工作着力解决经济萧条、企业倒闭的困难局面,本阶段以构建国营企业为主导的国有经济和建立劳动保护制度为重点。无论是对于政府而言还是对于企业而言,劳动关系的发展都处于探索初建阶段。

第一节 推动国营企业民主化管理和资本主义工商业改造

一、国民经济逐步恢复发展,我国劳动关系发生了根本性变化

中华人民共和国成立之初,国内形势错综复杂,百废待兴,存在着较为严重的经济与政治困难。为此,中共七届三中全会指出,用三年左右的时间来争取国家财政经济状况的根本好转,即在1950—1952年,首先完成恢复经济的重要工作,解决新民主主义革命时期遗留问题。在此背景下,我国工人阶级的主要任务是彻底完成新民主主义革命,恢复和发展国民经济,巩固新生的人民民主政权,为进一步开展生产资料所有制的社会主义改造和国家工业化建设做好准备。

全国稳定物价,恢复经济秩序,完成新民主主义革命遗留任务,保护基层工农阶级经济利益。为了恢复经济秩序,工人阶级逐渐将自己的身份由革命者转换为建设者,肩负起建设中华人民共和国的重任,对外检举揭发不法商贩的投机倒把行为,协助政府对官僚资本主义企业进行接管[①];对内积极进行仓库清查工作,开展废铁翻新、献纳器材运动,在有限的资

---

① 李玉赋. 新编中国工人运动史:下卷[M]. 修订版. 北京:中国工人出版社,2016:348.

源条件下,搜集可用的闲置物资用于后续的生产工作。此举不仅节约了资源,而且促进了后续工厂生产的顺利恢复。此外,工人们积极修复交通干线,修复机器设备,保证了粮食与原料的供应,同时也保证了生产的正常进行。在此过程中,工人阶级的主人翁意识逐渐树立并强化。为了进一步调动工人的生产积极性,全国号召工人阶级参与工厂管理民主化运动,建立工厂管理委员会,工人阶级主人翁意识不断增强。在此背景下,工人生产积极性高涨,劳动态度端正,以沈阳机器三厂率先发起,出现了创造生产新纪录运动,随后在全国范围内蓬勃开展,有力地促进了国民经济的恢复。

1949年10月—1952年,我国工人阶级以主人翁的姿态和饱满的热情投入到恢复国民经济建设之中,国民经济得到了迅速的恢复与发展,全国产业结构逐渐转型,工农业生产总值达到827亿元,较1949年底上升77.5%,而工业生产总值较1949年底上升145%,国内产业转型成效可见一斑①。同时,随着经济的恢复,广大职工的物质文化生活以及劳动条件均得到了改善,不仅表现为职工的平均工资有了较大的提升,同时针对职工的劳动保护制度、福利事业、文体活动均得到了发展与完善。

二、全面推进企业民主管理

首先,废除封建老旧的劳动制度,保护工人阶级权益。中华人民共和国成立初期,我国仍然存在着老旧的劳动制度,其中包括封建把头制度、漠视工人阶级健康的工作制度,甚至是严重损害工人阶级人格的"搜身"制度,这些都是旧社会统治阶级的遗留产物。1950年,政务院分批分行业出台了废除相关老旧劳动制度的办法和决议,保护了工人阶级的基本权益,为企业民主管理制度在中国的发展奠定了环境基础。

其次,推进企业民主管理制度在中华人民共和国的建立与发展。国家主要采取了两个措施来进行:推动企业集体合同的推行和工厂管理委员会的建立。早在1949年夏天,全国工会工作会议便指出,订立劳资集体合同是解决当前劳资关系问题的中心环节。1949年11月22日,《关于私营工商企业劳资双方订立集体合同的暂行办法》出台,规定各行各业劳资双方应根据平等自愿协商原则,签订集体合同,明确劳资双方之权利与义务及

---

① 王建初,孙茂生. 中国工人运动史[M]. 沈阳:辽宁人民出版社,1987:338.

劳动条件。此后，劳动部进一步做出指导，颁布《关于在私营企业中设立劳资协商会议的指示》，规定私营企业必须设立劳资协商会议，推动私营企业新型劳资关系的建立。1953年，工会七大也强调了集体合同制度的重要性，集体合同制度在全国得到推广。1950年2月，政务院财政经济委员会发出《关于国营、公营工厂企业建立工厂管理委员会的指示》，指出对公营企业中官僚资本统治时代遗留下来的各种不合理制度进行改革，强调进行企业民主化管理的重要性，并指出建立工厂管理委员会是推行企业管理民主化的中心环节。在此过程中，企业民主化管理不断加强。

三、推动资本主义工商业的社会主义改造

到1953年，恢复国民经济的任务已经基本完成，国家进入了有计划的经济建设的新时期。1953年6月，在中共中央政治局会议上，毛泽东正式提出过渡时期的总路线是"一化三改造"，即通过和平赎买等多种方式，逐步实现社会主义工业化，并实现中华人民共和国对资本主义工商业的社会主义改造。总路线的诞生反映了中国社会发展的历史必然性，得到了工人阶级的大力支持，并在职工中迅速掀起了学习和贯彻总路线的热潮。1953年11月，全国总工会进一步发出《关于学习、宣传与贯彻过渡时期总路线的指示》，要求各级工会将工作重点放在对工人阶级的宣传教育上。自此，社会主义改造和建设在全国形成热潮[①]。1954年9月，第一届全国人民代表大会讨论通过了《中华人民共和国宪法》，规定了"中华人民共和国是工人阶级领导的，以工农联盟为基础的人民民主国家"。其作为我国的根本大法，一方面将过渡时期的总路线提高到国家当前总任务的高度，同时极大地鼓舞了广大工人阶级，动员其积极进行社会主义革命与社会主义建设。

1956年1月10日，北京首先实现资本主义工商业的全行业公私合营，此后上海等全国各大城市和五十多个中等城市相继完成社会主义工商业改造。到1956年底，全国各地农业、手工业和资本主义工商业的社会主义改造基本完成。至此，生产资料私有制变为公有制，标志着中国进入社会主义国家的行列。经济的发展带来生活质量的提高，职工物质文化生活均得到进一步改善，工人的主人翁意识增强，生产积极性进一步提高。

---

① 苏映宇. 建国以来中国共产党人对马克思主义劳动观的丰富和发展[J]. 福建师范大学学报（哲学社会科学版），2017, 202（1）：10-16.

第二节　开展增产节约运动，完善劳动保护制度

一、开展增产节约运动，大力弘扬劳模精神

中华人民共和国成立初期，为了实现国民经济恢复的目标，工人阶级的增产节约运动已经具有雏形。1951年10月，在全国政协会议上，毛泽东向工人阶级和全国人民提出"增加生产，厉行节约，以支持中国人民志愿军"的号召，由此，全国范围内开展了轰轰烈烈的爱国增产节约运动。广大职工纷纷投身工作岗位，改进生产技术，提高劳动生产率，不仅有力地支援了抗美援朝战争，同时也推动了全国经济状况的好转。

1956年，社会主义改造进入高潮时期，增产节约运动成为工人阶级响应国家号召的重要形式。同年"五一"劳动节，由全国产业工会和工业部共同组织，全国钢铁企业开展了如火如荼的厂际竞赛，取得良好成果。各地各行业的厂际竞赛在全社会形成了良好的劳动风气，促进了企业、职工之间的相互学习，推动了企业生产的增长、员工技能的提升和技术创新的发展。1956年9月15日至27日，中共八大召开，明确指出了党、工人阶级和全国人民今后的主要任务是全面建设社会主义，为我国工人运动提出了新的奋斗目标。在全面建设社会主义的社会氛围中，先进企业、先进组织和先进劳动者不断涌现。

1956年4月30日，全国先进生产者代表会议召开，标志着先进生产者运动已经成为一个全国性的群众运动。1956年11月，中共八届二中全会召开，周恩来代表党中央提出了在全党和全国人民中开展增产节约运动的号召。《工人日报》随后在1957年元旦发表《响应党的增产节约运动的号召，继续开展先进生产者运动——迎接1957年》的社论，职工群众参加生产以及建设社会主义的积极性进一步得到激发，增产节约运动开始在社会各界中形成热潮。在全国上下共同的努力下，1957年底"一五计划"超额完成。

为了进一步调动广大工人阶级的劳动热情，国家持续推动先进生产者运动的发展，在全社会弘扬劳模精神，通过"群英会"等多种形式对先进典型进行总结、宣传和表彰。例如1959年的工业"群英会"和1960年的文教"群英会"，都汇集了全国对应行业中的劳动先进典型集体和个人，

党和国家领导人出席会议并发表讲话。全国总工会也于1959年发布《告全国职工书》，号召全国职工共同迎接下一个"五年计划"，促进了先进生产者运动的发展，在全社会形成了劳动光荣的良好劳动氛围。

二、建立和完善劳动标准以及劳动安全卫生保护制度

在社会主义建设时期，我国的劳动保护制度和员工福利事业已经初步建立和发展起来，颁布了包括《工厂卫生安全暂行条例》《保护女工暂行条例》等多项条例以及制度。在社会主义全面建设时期，党和政府进一步推动了劳动保护事业的发展，并更加深入到劳动保护的细化领域，如劳动标准、薪酬制度以及安全卫生保护制度等。1956年6月，《关于工资改革的决定》发布。随后，全国总工会发出通知，要求各级工会教育和发动职工，监督企业正确执行工资改革的各项规定，制定和完善工资标准，积极保护劳动者权益。劳动保险事业持续发展，截至1957年，百人以上企业中已有1152万职工享受劳动保险，比1952年增长近250%。1957年12月，中国工会第八次全国代表大会召开，明确指出代表群众应该积极参与到国家的相关劳动保护制度的制定和执行中，持续推进劳动保护事业的发展，对我国建立和完善劳动标准以及劳动安全卫生保护制度起到了重要的促进作用，也规定了正确的工人运动和工会工作的路线方针。

与此同时，在"人民至上"思想的指导下，党和政府也在不断推进职工教育事业的发展，提升职工的文化素质，提高工人阶级的福利，不仅大力开展扫盲运动，同时大力兴办职工业余学校，丰富职工的业余生活，而且积极推动职工福利保护事业的发展。1977年底社会各界对于"按劳分配"展开讨论，国务院发布通知，要求在逐步改善职工生活的同时，有条件地逐步实行计件工资制度。随后，《关于国营企业试行企业基金的规定》更是允许特定企业将利润作为集体福利发放给员工，这个举措推动了劳动保护事业在中国的发展，并且极大地调动了工人阶级的劳动热情，有助于企业生产效率的提高。这对1949—1977年国民生产总值的增加起到了极大的促进作用。

第三节　明确工会性质并规范组织建设

全国总工会积极进行自我建设，不仅明确了自身的阶段性任务，而且理清了工会内部的关系。全国总工会积极建立起更加系统科学的内部组织层级，对行业工会的成立条件做出了明确的规定，行业工会和地方工会的关系得以理顺。这不仅巩固了新生的工会组织，而且为后续工会工作的顺利进行奠定了良好的基础。随着工会工作的稳步推进，1950年6月，《中华人民共和国工会法》（以下简称《工会法》）正式颁布。《工会法》的颁布对于当时中国工会的发展有着重大意义，不仅明确地规定了工会的性质，而且对基层工会组织做出了详细的规定，团结了产业工人群体，健全了地方和产业的各级工会组织。

1953年5月，中国工会第七次全国代表大会确立了向社会主义过渡的工运方针，并指出要积极动员和组织工人群众参加国家经济建设。时任全国总工会主席的赖若愚代表全国总工会六届执委会向大会做了题为《为完成国家工业建设的任务而奋斗》的工作报告，明确指出工会工作应该逐步引导工人阶级以及各个企业进行劳动竞赛，指导企业进行改革，不断加强自身建设，从工人阶级、企业和工会自身建设多个方面配合中国共产党为建设社会主义国家而奋斗。作为中国工运史上一次具有转折意义的大会，工会七大的召开明确指出了我国工人阶级在新的历史时期的任务和工会工作的方针，同时为过渡时期总路线的推行做了充足的队伍和思想准备，为过渡时期总路线的顺利推行奠定了基础。

根据过渡时期总路线的要求，我国制定了发展国民经济的第一个五年计划。围绕"一五计划"，工会最重要的任务是动员和组织全国职工，保证完成以及超额完成国家规定的生产任务和整个经济计划。除了继续进行增产节约运动，各级工会也积极组织劳动竞赛与技术革新运动，开展先进生产者运动，不断调动工人阶级的劳动热情与劳动积极性。在此过程中，工会也不断加强自身建设，着重对职工进行思想教育与劳动纪律教育，不断提高职工的素质。除此之外，工会也注重丰富工人阶级文化生活。1955年10月，第一届全国工人体育运动大会成功举办，这不仅极大地丰富了工人阶级的日常生活，而且促进了职工体育事业的进步与发展，有助于提高国民身体素质。不仅如此，在社会主义改造阶段，全国工人文化宫、俱乐部和图书馆等促进精神文明增长的场所数量大幅度增加，同时伴有电影放映、美术创作等多项文化活动的增长。总之，全国总工会积极带领各级工会号召工人阶级开展增产节约运动，并与政府一道督促企业内部劳动标准的执行和劳动保护制度的落实，工人阶级以空前的热情投身到社会主义的全面建设中。在各级工会的带领下，工人阶级积极响应党的号召，开展增产节约运动，全国工业生产得到大幅度提高。

第四节 劳动关系主体之间的互动

在劳动关系初建时期，中国共产党和工人阶级始终保持紧密联系，工会在党的领导下，与工人阶级保持着良好的互动关系和领导关系。从1949年10月中华人民共和国成立开始，中国共产党带领全国工会和工人阶级完成民主革命时期的遗留任务，并且坚定地走社会主义道路。通过"一化三改造"的指导方针，中华人民共和国实现了从农业国家向社会主义工业国家的转变。在此过程中，首先，中国共产党始终坚持"为人民服务"的宗旨，带领全国人民共同奋斗，实现了"一化三改造"的目标，并积极推动企业民主管理，促进劳动保护事业的发展。其次，各级工会组织始终坚持中国共产党的领导，不断加强自身建设，同时积极领导工人阶级响应党的号召，积极完成全面建设社会主义的任务。最后，工人阶级在时代大潮中，为社会主义工业化国家的建设贡献自身力量并做出重要贡献，在此过程中，工人阶级的地位也得到了不断提高，广大职工的劳动安全和卫生条件得到了基本保障，业余文化和体育生活不断丰富，职工素质不断提高，为劳动关系的进一步发展提供了宝贵的实践经验。劳动关系初建阶段劳动关系主体的实践总结，如图1.1所示[①]。

[①] 劳动关系阶段主要是依据重要的会议来划分的，而一些劳动关系主体的实践活动处于会议当年，本书根据实践活动的实际发生时间来进行归纳。

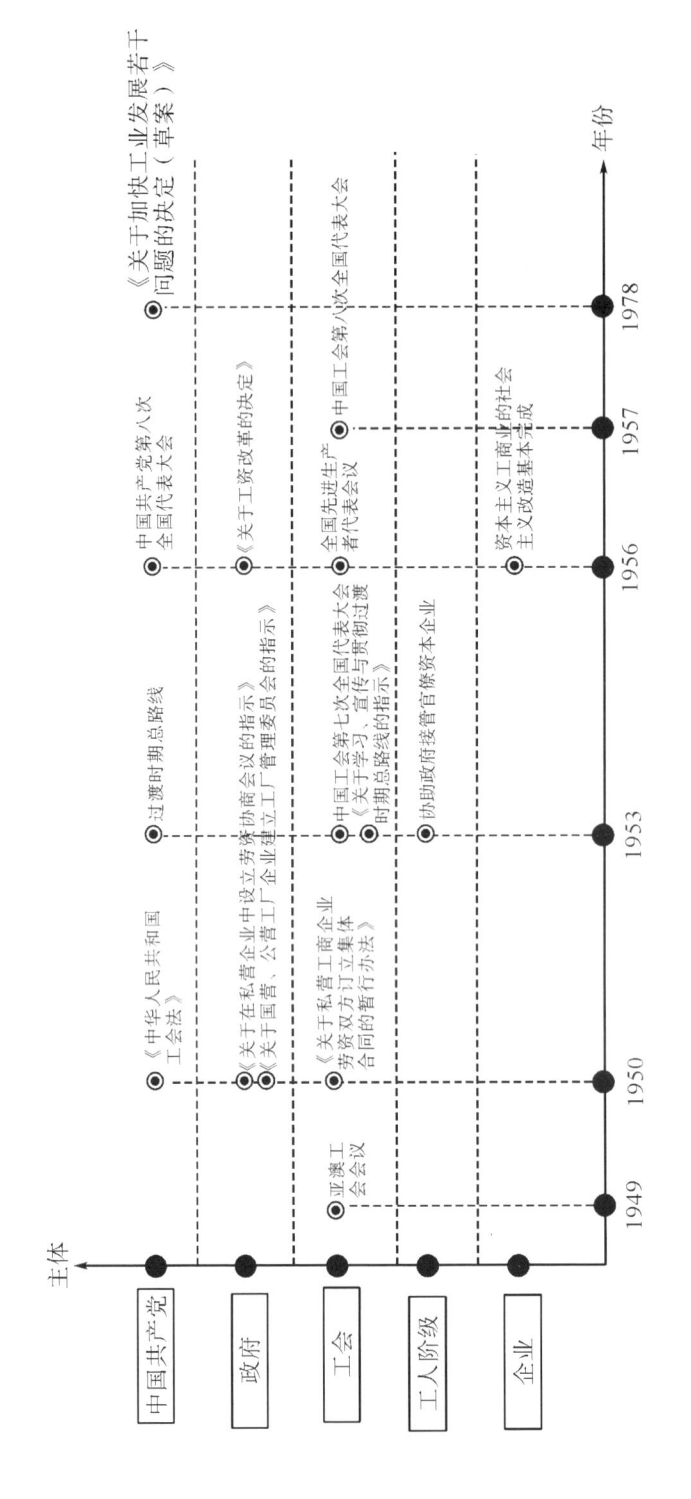

图 1.1 劳动关系初建阶段劳动关系主体的实践

资料来源：笔者根据相关文献和资料整理而得。

第二章　劳动关系初建阶段的理论研究

本书主要以我国不同发展阶段的重要会议作为阶段划分的时间节点，将1949年10月以来我国劳动关系的实践探索和理论研究划分为五个阶段。对于会议召开年份的文献，以会议召开具体时间对文献所属阶段进行归类。

我们运用VOS viewer对1949—2021年中、英文文献进行了分阶段的可视化分析。为保证文献搜索过程的系统性和文献保留的全面性，本书对文献的检索与筛选包括识别、筛选、合格、保留四个步骤。首先，对文献进行识别。本书的文献检索只涉及中文和英文两个语种，文章的发表时间为1949—2021年（截至2021年12月31日），中文检索在CNKI数据库以"劳动关系"为主题分别检索篇名、关键词、摘要；英文检索在web of science中以"employment relation"或"labor relation"或"industrial relation"和"China"或"Chinese"为主题词，限定类型为论文和综述。上述初步检索获得中文文献333 442篇，英文文献20 834篇。其次，对第一步检索中获得的文献进行筛选，筛选标准为剔除中文和英文数据库的重复文献，得到中文文献332 929篇、英文文献20 339篇。再次，根据劳动关系研究主要涉及的学科领域，保留管理学、社会学、法学等领域的文献，剔除生物学、生物化学、医学以及通信等不相关领域的文献，剩余中文文献5 220篇、英文文献555篇。最后，为了保证文献的研究内容相关性，在浏览全文后，进一步剔除了与劳动关系研究不相关的文献，最终保留待分析的文献5 669篇，其中中文5 150篇、英文549篇。

我们将最终保留的中英文文献导入VOS viewer软件中，得到关键词聚类标签视图和密度视图。其中，标签视图中每个方框代表一个元素，每种颜色代表一个类别，方框和字体越大，重要性越高。在聚类标签视图的边缘还存在一些小类别，这些词与其他类别关联强度较小。此外，VOS viewer会基于关键词聚类生成密度视图，呈现红、黄两种颜色。其中，颜色越接近红色,代表该节点的权重越大,而越接近黄色,则代表权重越小。

我们从1949—1977年劳动关系相关文献中(中文文献36篇、英文文献3篇)甄选出现2次以上的关键词,从图2.1标签视图中可知共有2大群组,最大的群组以"劳动生产率"为核心关键词条目,与之相关的还有"社会必要劳动时间""商品价值量"等关键词。另一群组热度不如前一群组,主要涉及"工资增长速度""劳动生产率增长速度""社会生产两大部类比例"等。我们再根据图2.2关键词的聚类生成密度视图,可知与工资相关的"劳动生产率""社会必要劳动时间""工资增长速度"等是该阶段备受关注的话题。结合具体文献可知,劳动关系初建阶段的研究主要关注社会主义制度下平等互助劳动关系的建立、劳动者基础工资权益保障以及国营企业的劳动关系管理。

图2.1　1949—1977年劳动关系关键词聚类标签视图

图2.2　1949—1977年劳动关系关键词聚类密度视图

第一节　社会主义制度的建立促进了平等互助劳动关系的形成

1949—1977 年是我国劳动关系的初建阶段,尤其是 1956 年社会主义制度的建立,推翻了我国数千年来的剥削制度,生产资料从私有制到以公有制为主体的变化,为根本地改变人与人的相互关系打下了坚实的基础。为了破除资产阶级法权,使得诸如等级观念、官民界限、利己主义、轻视体力劳动、鄙视工农等旧的不良社会意识退出历史舞台,我国开展了整风运动,极大限度地打破了官与民的界限[①]。其成效主要体现在两大方面:一是管理人员与直接生产者之间的关系,二是体力劳动者与脑力劳动者之间的关系。

在社会主义制度建立之前,在生产资料私有制基础上建立起来的是互相对立、互相敌视的不平等劳动关系,管理人员和直接生产者之间的关系反映着阶级间的对立状态[②]。管理者认为自己的工作只是管理工人,不需要参加直接生产劳动;工人认为自己只管干活,不需要被庞大的管理机构和繁琐的规章制度领导和管理。社会主义建设初期,我国实施计划经济体制,劳动力"国有化",一切劳动关系由政府调控,开展了以政府为主导的大规模整风运动,打出倡导"管理人员下基层"的理念,让管理人员和生产者"同吃、同住、同劳动";精简管理机构,扩大车间与生产队的职权,取消不合理的规章制度等一系列"组合拳"后,改变了管理人员和生产者之间剥削对立的基本状态[③]。

体力劳动与脑力劳动者之间的对立是一种人为的畸形状态,统治阶级为了巩固其统治地位,利用上层建筑的重大影响来扩大这种对立。它歪曲了理论与实践之间的关系,唯心地认为理论与实践的关系是"理论—实践—理论",过分夸大脑力劳动的作用,轻视体力劳动。整风运动倡导的"知识分子工农化、工农群众知识化"理念明确了体力劳动与脑力劳动

[①] 王甸.破除资产阶级法权观念 正确对待劳动者的相互关系[J].创造,1958(3):23-27.
[②] 单振英.资本主义制度下的劳动[J].劳动,1956(2):40-45.
[③] 庞季云,陶家祥.从毛主席两类社会矛盾的学说来谈调整人们在社会主义劳动中的相互关系的问题[J].学术月刊,1958(9):1-4.

的同等重要性。在唯物主义看来，任何知识都来源于实践，理论和实践的关系应当是"实践—理论—实践"，因此，体力劳动应当是脑力劳动的基础①。中国要建立的共产主义社会的生产是建立在高度发达的技术基础之上的，它要求生产力彻底解放，要求人和人完全平等，要求每个人都是脑力劳动和体力劳动相结合的产物。整风运动协调了体力劳动者和脑力劳动者的不平衡关系，促进了两类劳动者的相互协作，在政府的治理下，一种平等互助的劳动关系得以真正建立起来。

社会主义生产关系已经初步建立，但生产关系和生产力之间的矛盾是不可避免的，资本主义和封建主义的残余思想依然存在。对管理人员和直接生产者来说，党和群众对基层干部的要求是既要工作好，又要劳动好。干部劳动少了会被视为脱离实际，脱离群众，工作搞不好；干部劳动多了会被视为不想问题，不抓工作，工作也搞不好②。对脑力劳动者和体力劳动者来说，即便是在社会主义社会，也存在不平等的现象。例如，在职业选择时，脑力劳动者的选择范围更多；在待遇方面，脑力劳动者往往优于体力劳动者。无论是哪种矛盾，都已经变成了在根本利益一致——以社会主义事业为共同目标的基础上的矛盾关系，需要在完善社会主义关系的过程中得到解决③。

第二节 国营企业劳动关系管理研究

中华人民共和国成立之初，通过没收官僚资本，实现对资本主义工商业的改造，投资兴建国营企业，国营企业在国民经济中占据了主导地位，其劳动关系管理成为研究的重点。这些企业多为国家控制和调配，所以企业如何在党的宏观调控下维系好内部人员关系是该阶段企业劳动关系管理的重点④。对于国营企业劳动关系的研究，还处在"摸着石头过河"的探索阶段。

在新民主主义建设时期，建立厂长领导下的工厂管理委员会。党中央

---

① 虞有松. 关于脑力劳动和体力劳动的关系 [J]. 北京矿业学院学报，1959 (1)：6-13.
② 潘栋才. 谈谈劳动和工作的辩证关系 [J]. 学术月刊，1965 (7)：59-61.
③ 虞有松. 关于脑力劳动和体力劳动的关系 [J]. 北京矿业学院学报，1959 (1)：6-13.
④ 黄澄静. 当前工业企业管理上的一些问题 [J]. 学术月刊，1958 (12)：20-25.

要求在国营企业中推行"一长制",由所推举出来的"厂长"协同企业党组织一同制定并保障企业各项规章制度的执行,维护企业的正常生产秩序。但这种模式过于专制,在规则的制定上不够民主,在技术上也只听从于该领域中的专家。长久以来,国营企业内部官僚主义盛行,职工得不到有效指导且缺乏工作动力,企业内部劳资矛盾开始显现[①]。1956 年后,"一长制"被取消,改为党委领导下的厂长负责制,既平衡了企业与党委之间的关系,又强调走群众路线,提高了群众的生产积极性[②]。

在社会主义建设时期,"工人参与管理"和"干部参与劳动"成为新的管理模式。在此阶段,党组织认识到了干部与基层劳动者的异同,并提出干部参加集体劳动是必须的[③],但干部参加集体劳动的具体形式需要讲究[④]。干部参加劳动的目的是培养工农感情,也是为了解决生产中存在的具体问题。安排干部参加集体生产劳动,既要做到因地制宜[⑤],从实际情况出发,不硬套别人的经验,也要做到因专业制宜[⑥],根据干部擅长的领域或对管理工作有意义的领域进行劳动安排。

第三节 劳动者基础工资权益保障

在劳动关系初建阶段,社会保险和社会福利制度尚未健全,劳动者最关心的权益便是基础工资。对工资的整改是一件复杂的工作,需要找出现有工资制度中不统一、不合理的状况,建立起符合国情的,比较统一的、合理的工资制度。但是,单从工资的升降来探讨工资的变化是不合理的,在一般的研究中,通常用平均工资来表示劳动者的工资福利保障情况,用劳动生产率作为国家的建设情况。劳动生产率是影响平均工资的直接因素,二者的比例关系是否恰当直接影响劳动者生活水平,因而直接关系到

[①] 喻说. 关于管理社会主义工业企业的"一长制"问题 [J]. 教学与研究, 1954 (10): 23-26.
[②] 周惠兴. 党委领导下的厂长负责制 [J]. 前线, 1960 (17): 16-17.
[③] 欧根. 坚持干部参加体力劳动的制度 [J]. 创造, 1959 (6): 35-38.
[④] 张锡良. 正确处理技术业务和参加集体生产劳动的关系 [J]. 中国地质, 1965 (11): 36-37.
[⑤] 黄莲. 不套框框,不定条条,分别情况,合理安排 [J]. 中国地质, 1965 (11): 37.
[⑥] 许金坤. 结合专业,分别安排 [J]. 中国地质, 1965 (11): 37.

劳动者基本权益①。只有把两者控制在一个合适的比例关系上，才能把个人利益和集体利益同时抓牢。

在社会主义制度下，劳动生产率的不断增长，使工资不断增长；工资不断增长的结果，反过来刺激劳动生产率的不断增长②。劳动生产率影响平均工资的作用机制大概可以分为人和物两大类。一是从人的因素来说，劳动的熟练程度会影响平均工资。正常情况下，劳动熟练程度越高，平均工资便越高。二是从物的因素来说，技术进步会影响平均工资。技术进步会带来劳动生产率的增长，因而平均工资的增长应远低于该因素引发的劳动生产率的增长。在二者之间建立正确的比例关系，一方面刺激了劳动人民积极主动地建设社会主义，刺激了劳动生产率的提高；另一方面保证了商品的供求稳定和物价的稳定③。

"工资不可不增，亦不可多增"是我国政府为保障劳动者权益而不断调整劳动生产率和平均工资增长速度的比例关系所遵循的指导方针④。劳动生产率和工资的比例关系最一般的规律是劳动生产率增长的速度应快于平均工资增长的速度，但平均工资增长不应该过分落后于劳动生产率的增长。若劳动生产率增长速度过度高于平均工资增长速度，那么便不符合社会主义按劳分配规律的要求，侵害了劳动者的基本权益⑤。而二者比例的确定取决于国民经济中许多复杂的经济因素，政府通过积累与消费的比例（积累基金和消费基金在国民收入总额中分别所占的比重）、社会生产两大部类的比例、劳动生产率的提升原因等因素来综合考量，制定最优比例关系⑥。

除此之外，工人和农民占据我国的主体部分，在制定工资标准时也应考虑工、农的消费水平和目前的收入差距⑦。为了巩固工、农两大群体的

---

① 钟兆修. 在发展生产和提高劳动生产率的基础上，相应地提高职工的工资水平 [J]. 统计工作通讯，1956 (16): 12-14.

② 尹世杰. 略论劳动生产率与平均工资增长速度的比例关系 [J]. 武汉大学人文科学学报，1957 (2): 75-99.

③ 冯立天，闻潜. 劳动生产率和平均工资增长速度比例关系的数量分析 [J]. 经济研究，1964 (6): 16-25.

④ 谷华珍. 谈谈"不可不增，亦不可多增"问题 [J]. 劳动，1956 (6): 18-19.

⑤ 刘涤尘. 工资改革必须注意的几个问题 [J]. 劳动，1956 (6): 8-9.

⑥ 冯立天，闻潜. 劳动生产率和平均工资增长速度比例关系的数量分析 [J]. 经济研究，1964 (6): 16-25.

⑦ 尹世杰. 试论平均工资增长速度 [J]. 武汉大学学报（人文科学版），1964 (3): 37-52.

联盟,在社会主义工业化建设的同时,必须兼顾农业的生产和发展,例如引进先进的技术装备农业,提高农业产量、调整农产品价格、降低税收等。整体来看,在确定工资水平时,不仅要遵守按劳付酬的原则,充分保障劳动者劳有所得,还要不断缩小城乡差距,落实每一位劳动者的权益[①]。

第四节 劳动价值理论研究

为了更好地理解劳动与价值的关系,以提高企业劳动生产率为目的,学术界主要对《资本论》中马克思的价值论解读有所争论,具体表现在企业劳动生产率与商品价值量的关系上。有观点认为客观因素导致劳动生产率高的企业不能在同一时间内创造更大的价值量或更多的价值产物,导致生产资料、自然环境、机器等都能创造价值的谬论,有悖于马克思的价值论[②]。持有相反观点的学者认为这些学者把价值和个别价值、社会必要劳动和个别劳动混淆了。把价值由社会必要劳动决定曲解为由个别劳动决定,忽略了个别劳动与社会必要劳动之间的关系,即个别劳动需要经过一定的社会过程才能形成社会必要劳动,价值只是作为这个过程中的一种产物存在。由此可见,商品的价值是劳动过程中一种特定社会形式的物化的表现,它从劳动中产生,而非由劳动生产率决定,更不能说是由一些可以提高劳动生产率的客观条件决定[③]。这与当时学术界其他两个争论相联系。

一是价值和两种社会必要劳动的关系问题。马克思在《资本论》中认为,社会必要劳动有两种含义,一种是单纯的表明生产一种商品所平均耗费的劳动,与供求关系平衡与否无关,社会为生产某一种产品所平均耗费的劳动(简称"第一种社会必要劳动")。另一种社会必要劳动比第一种社会必要劳动多加了市场需要量的限制的规定(简称"第二种社会必要劳动")。对于决定商品价值的是哪一种劳动,一部分学者主张价值不是由第一种社会必要劳动而是由第二种社会必要劳动所决定[④],另一部分学者

---

① 李敬实. 克服工资工作上的平均主义,切实贯彻按劳付酬原则 [J]. 劳动,1956 (1):10-12.
② 孙连成. 略论劳动生产率与商品价值量的关系 [J]. 中国经济问题,1963 (11):29-33.
③ 吴宣恭. 个别企业劳动生产率与商品价值量的关系:与孙连成同志商榷 [J]. 中国经济问题,1964 (9):28-36.
④ 孙膺武. 再论价值量的计算问题 [J]. 江汉学报,1962 (12):48-51.

认为他们是把自己对马克思价值论的误解圆成了正解①。当市场上供求平衡时，第一种社会必要劳动和第二种社会必要劳动的数量相等，但在市场供求不平衡时，它们的数量便有较大的区别。因此，学者对《资本论》中所提到的关于社会生产的比例、市场产品供求的比例和价值实现问题的理解有分歧②。虽然马克思在《资本论》中明确指出"供求不平衡只影响价值的实现"以及商品在"数量上已经确定的社会需要"，有学者认为供求关系是在暗中改变了社会需要量，但被"供大于求时，商品出售价格低于实际价值。社会如果未按比例生产，如果供给超过需要，商品就不能依照价值来出售，价格会低于实际价值。但这只是价值实现问题，不能把价值实现和价值形成问题相混淆"的观点所驳斥③。总的来说，供求关系仅仅只能影响商品价值平衡的问题，价值平衡与否是指商品的市场价格与其价值的比较，只有两者一致时才称为价值平衡。而商品价值只由第一种社会必要劳动所决定。

二是劳动到底该如何表现为价值。一些学者否认价值是商品经济的特有范畴，认为只要是凝结在产品中的劳动就是价值，与其相反的观点为凝结在生产物内的劳动，要交换发展到以货币为媒介后，才会表现为价值④。特别是在资本主义制度下，商品的价值由直接生产者支出的劳动决定，他们支出的劳动又可以分为两个部分：一是商品直接生产者的必要劳动，这部分劳动的价值表现为他们所得的工资；二是剩余劳动，是工人额外多做的劳动，资本家便是剥削这部分剩余价值，将商品拿到市场上售卖。有学者认为这两种看法都是不妥当的，生产物之中的劳动之所以表现为价值的契机，不在于货币是否为商品的媒介，而在于商品交换本身。生产者在生产商品上付出劳动，劳动成为他们生产物交换的基础，也是他们生产物能够值多少其他生产物的基础。倘若把价值限制在以货币为媒介的交换中，

---

① 骆耕漠. 试评关于价值和两种社会必要劳动的关系的争论：与卫兴华等同志商榷[J]. 江汉学报，1964（5）：23-29.

② 骆耕漠. 价值和两种涵义的社会必要劳动的关系：马克思的商品价值学说研究之七[J]. 江汉学报，1964（4）：28-36，14.

③ 骆耕漠. 试评关于价值和两种社会必要劳动的关系的争论：与孙冶方、何安等同志商榷[J]. 江汉学报，1964（7）：19-26.

④ 骆耕漠. 试解《资本论》第一章第四节的要点和疑难：马克思的商品价值学说研究之三[J]. 经济研究，1963（4）：27-40.

便是人为地把价值的范畴缩小了，认为价值仅仅是私有制度下的货币经济范畴[①]。

社会主义制度下按劳分配的问题，实际上可以运用劳动生产率在价值形成中的作用来研究。上述提到客观因素导致劳动生产率高的企业能在同一时间内创造更大的价值量，表明劳动者所使用的生产资料的多少优劣对价值创造的结果有直接的影响，这种影响应该在实际按劳分配时予以剔除，按劳分配应该只能按劳动的实际耗费进行分配[②]。劳动关系初建阶段的研究概括如表2.1所示。

表2.1 劳动关系初建阶段研究概括

研究主题	核心观点
社会主义制度的建立促进平等互助劳动关系的形成	·生产资料私有制制度下的劳动关系：官民界限、利己主义、轻视体力劳动、鄙视工农 ·平等劳动关系的构建：明确管理人员与直接生产者同地位；促进脑力劳动者与体力劳动者互助协作 ·社会主义制度下生产关系和生产力的矛盾：根本利益一致的前提下，管理人员在工作与劳动之间、脑力劳动者与体力劳动者职业选择和待遇之间的矛盾
国营企业劳动关系管理研究	·新民主主义建设时期：推行"一长制"管理，过于专制，企业内部开始出现劳资矛盾 ·社会主义建设时期：工人参与管理，干部参与劳动
劳动者基础工资权益保障	·确定工资水平的依据：追求劳动生产率增长速度与平均工资增长速度的恰当比例；工农的消费水平和目前的收入差距；按劳分配原则；缩小城乡工资差异 ·调整劳动生产率和平均工资增长速度的比例的重要性：刺激了劳动人民积极主动地建设社会主义，刺激劳动生产率的提高；保证商品的供求稳定、物价稳定
劳动价值理论研究	·对马克思的价值论解读的矛盾点：价值和两种社会必要劳动的关系问题；劳动到底该如何表现为价值的问题；企业劳动生产率与商品价值量的关系问题 ·对按劳分配的启示：按劳动的实际耗费进行分配

资料来源：笔者根据相关文献和资料整理而得。

[①] 章恒忠. 论劳动与价值的关系：与骆耕漠同志商榷[J]. 经济研究，1964（7）：25-31.
[②] 作沅. 试论劳动生产率与价值、价格形成的关系[J]. 经济研究，1964（1）：44-55.

第二篇

劳动关系多元化阶段：1978—1991 年

第三章 劳动关系多元化阶段的实践探索

1978年,党的十一届三中全会做出了实行改革开放的历史性决策,我国开始从传统的计划经济体制向社会主义市场经济体制转变,劳动关系进入多元化发展阶段,劳动制度改革以建立市场化调节的劳动关系制度为目标,多种所有制企业不断发展,全国各级工会组织与工人阶级积极开展以四个现代化建设为目标的各项活动,并与工人阶级保持紧密联系,推动劳动保护事业的发展。

第一节 领导工会和工人阶级进行四个现代化建设

全国为改革开放、四个现代化建设而努力奋斗。1978年4月20日,中共中央颁发《关于加快工业发展若干问题的决定(草案)》。该草案对企业做出了明确规定,即企业应当以生产为中心,不断提高自身管理水平与生产效率,对国民经济恢复具有重大意义,其中提到的部分先进管理经验开始在企业中得到初步推广,为后续改革开放工作奠定了良好基础。1978年10月,工会九大召开,明确指出工会的阶段任务是动员工人阶级为建设社会主义现代化强国而奋斗。1978年12月,中共十一届三中全会召开,改革开放的设想正式提出。全国总工会于1979年2月便召开会议分析讨论了如何围绕四个现代化建设展开工会工作,并做出《加强安定团结,广泛深入开展增产节约运动的决议》,将增产节约运动作为调动工人阶级劳动热情的重要举措,其中包括劳动竞赛、技术协作、群众性质量管理小组活动以及班组活动等丰富形式。社会主义建设时期增产节约运动的良好经验使得工会决议顺利进行,增产节约运动取得良好成绩。与工业现代化并进的是农业现代化，家庭联产承包责任制的实施为我国农业发展增添了活力，广大劳动人民的基本生活需要开始得到保障，土地制度改革等多项有利于民生的措施和弘扬劳动先进精神的措施并行，极大地调动了劳动人民的积极性，形成了良好的改革氛围。

全国总工会制定了推动四个现代化建设的具体措施。自1953年起，"五年计划"一直是我国经济发展的重要计划和指导。1985年9月18日至23日，中国共产党全国代表大会审议通过了《中共中央关于制定国民经济和社会发展第七个五年计划的建议》，进一步推动了国内改革建设热潮的形成。"七五计划"要求大力促进科学技术的发展，从而提高经济效益，对科学技术现代化的发展起到了良好的促进作用。1985年11月，全国总工会十届三次执委会召开，会议对工会工作和工人阶级提出明确要求，号召全国工会组织和工人阶级为"七五计划"建功立业，并通过了《团结奋斗，改革创新，为实现"七五计划"建功立业》的决议，强调技术改革和创新，意在鼓励推动广大职工积极响应中共中央号召，提高自身科学文化素养，改革创新，为"七五计划"的实现建功立业，共同为四个现代化建设贡献自身力量。此次会议激发了工人阶级的劳动热情，工人阶级在为"七五计划"奋斗，提高社会生产力发展的同时，推动了社会主义经济体制的建立。1990年，"七五计划"顺利完成，工业产值达23 851亿元，增长超过计划的6%。中共中央对四个现代化建设的重视促进了我国的科技发展，进一步推动了我国国防事业和农业的发展。技术的进步和制度相互配合，我国粮食产量不断增加，达到4 350亿千克，创历史新高。至1990年"七五计划"结束，我国已经基本解决人民温饱问题，劳动人民生活质量持续提升。

在1990年12月25日至30日召开的中共十三届七中全会上，中共中央审议通过了《中共中央关于制定国民经济和社会发展十年规划和"八五计划"的建议》，规划了我国经济的发展蓝图，指出十年内要实现"现代化两步走"的第二个阶段，是指导未来十年中国共产党、各级工会以及全国劳动人民奋斗目标的重要纲领，国务院据此制定并颁布了"八五计划"纲要。《中共中央关于制定国民经济和社会发展十年规划和"八五计划"的建议》和"八五计划"纲要明确指出，要将国民经济提升到一个新的历史高度。全国各级积极响应，1990年11月26日至30日，全国总工会召开全国经济技术劳动保护工作会议，全国总工会书记处书记张富有做了题为《充分发挥工人阶级主力军作用，为胜利完成第八个五年计划而奋斗》的工作报告，对激发广大工人阶级的劳动热情具有重要意义，进一步推动了我国四个现代化建设进程。

第二节　推动多种所有制企业实施民主管理

企业民主管理和先进管理思想迅速发展。1981 年 5 月到 6 月全国第一次企业民主管理座谈会召开。此次会议除了分享国营企业的民主管理经验外，还有一个重要成果就是提出《国营工业企业职工代表大会暂行条例（草案）》，该草案拟对所有企业强制执行职工代表大会制度，从制度上保障职工权益，提升职工主人翁意识。此次会议是国营企业民主管理发展、改革开放持续深化的结果，将更大范围的企业纳入企业民主管理的行列，标志着我国以职工代表大会制度为核心的企业民主管理开始被纳入法制建设的轨道。此次座谈会也在一定程度上推动了先进的企业管理理念在中国企业的发展，有助于国内企业更好地适应国内外变化的市场，推动社会主义市场经济体制的建立。1981 年 10 月召开的全国总工会九届三次执委扩大会议进一步强调了职工代表大会的贯彻落实，工会工作以此为重点，不断加强自身建设，推动工会与工人阶级劳动关系的和谐发展。

通过颁布企业民主管理相关条例，促进企业民主管理制度化。1986 年 9 月，中共中央和国务院联合颁布了《全民所有制工业企业厂长工作条例》《中国共产党全民所有制工业企业基层组织工作条例》《全民所有制工业企业职工代表大会条例》三个重要条例。这三个条例实际上进一步推动了职工代表大会在企业中的落实与发展，是中国企业民主管理事业发展的一个里程碑事件，是党和国家保护劳动阶级权益的重要体现。三大条例指出，企业民主的发展不仅体现在决策上，还应该体现在选举以及评议中。工会工作需要审议企业的重大决策，工会应该协助企业引进先进管理思想和理念，深入推进集体合同制度，既保证了生产力的提高，也保护了工人阶级的权益。同时，三大条例对工会工作提出的高要求促使工会不断加强自身建设，以适应新的企业形势和劳资关系的发展形势。随着三大条例的颁布，全国各地工会以及企业积极响应，极大地推动了职工代表大会制度的迅速发展，深入推进了企业民主管理事业的发展，加快了社会主义市场经济体制的建设步伐。

为推动社会主义市场经济制度的建立，全国总工会积极协助、指导多种所有制企业适应改革开放的新形势。为贯彻落实党的十二大精神、协助改革开放后进入中国市场的"三资"企业尽快适应中国的经济制度，1985年1月，全国总工会组织召开全国经济特区、沿海开放城市中外合资企业工会工作座谈会。此次会议明确了在"三资"企业中建立工会组织、开展工会工作的重要性、必要性和紧迫性，对后续工会组织指导"三资"企业适应中国对外开放政策具有重要的意义。此后，以广州为代表的各地工会均开始了针对"三资"企业工作的大胆探索，在一定程度上推动了对外开放的进程，加速了社会主义经济体制的建立。1989年12月全国总工会十一届二次执委会召开，会议达成多项重要成果，其中包括要求工会组织协助企业尽快完善经营承包制，确保职工在企业经营中发挥自身作用；推动职工代表大会制度在企业中的实际发展，让职工代表切实参与到企业民主管理中；确保集体合同制度在企业内部的建立和推广，理顺企业内部劳资关系。此次会议明确了工会工作在工运事业和经济体制改革中针对不同主体的工作方向，有助于企业和工人阶级对新形势的适应，推动社会主义市场经济制度的进一步发展。

第三节 加强法制化建设推动劳动保护事业发展

劳动法制化开始逐步形成体系。1988年4月13日，《中华人民共和国全民所有制工业企业法》（以下简称《企业法》）颁布。《企业法》的颁布具有重大意义。改革开放使得多种所有制企业在中国市场上存在，《企业法》明确了多种所有制企业的法律地位，使企业制度的建设步入法制轨道。除此之外，《企业法》还规定了职工代表大会制度是企业民主管理的基本形式，是职工行使自身权利的重要工具，在一定程度上巩固并推动了职工代表大会制度的发展，为企业改革的进一步深化创造了条件。劳动法制化不仅体现为企业制度的规范化，工会建设和工会工作也进入了法制化轨道。1992年4月3日，《中华人民共和国工会法》颁布。《中华人民共和国工会法》明确了工会性质、工会活动准则和工会义务，且使得工会行使权利的行为得到法律保障，为工会工作的顺利进行创造了良好的法制环境，是劳动领域进入法制化轨道的重要标志。

劳动保护事业持续发展。全国总工会十届二次执委会议指出，将生产力发展与职工权益保护相统一，即不以职工权益为代价发展生产力。这一指导精神的提出，对企业民主管理和职工权益保护提出了更高的要求，也进一步统一了工会干部的认识，为工会工作的开展奠定了思想理论基础。全国总工会对工人阶级权益的强调为社会主义市场经济体制的建立提供了坚实的后备人才支持。1985年2月，全国总工会颁布《工会劳动保护监督检查条例》《工会小组劳动保护检查员工作条例》《基层（车间）工会劳动保护监督检查委员会工作条例》，这三个条例的颁布是中国劳动保护事业的重要事件，是在改革开放大背景下贯彻落实我们党关于保护劳动者安全健康指导精神的重要成果，进一步保障了工人阶级权益，激发了工人阶级的劳动热情。以此为开端，全国各地工会积极响应，纷纷制定劳动保险、职工疗养等细化劳动保护制度。党和国家不断推进劳动保障事业的发展，除了对工会工作做出明确规定，对企业也有明确的规定与制约。1986年7月，《国营企业实行劳动合同制暂行规定》《国营企业招用工人暂行规定》《国营企业辞退违纪职工暂行规定》《国营企业职工待业保险暂行规定》等条例相继颁布，从多个角度保障劳动者的健康和安全。此后，中共中央和人民政府印发了《劳动制度改革宣传提纲》，提出了更加系统的劳动制度改革推动措施，促进劳资关系的和谐发展。劳动制度的改革使得国内劳资市场更加有活力，提高了劳动阶级的劳动热情，加快了四个现代化建设的进程。

第四节　不断加强工会组织建设

为推进社会主义经济制度的发展，工会贯彻落实中国共产党的指导思想，不断加强组织建设。1982年9月1日至11日中国共产党第十二次全国代表大会召开，确立了"建设文明民主的社会主义国家"的宏伟目标。会议对这一时期的工会工作总路线、工人运动总任务以及工运方针做出了明确的规定，提出了中国特色社会主义鲜明旗帜，这一目标使得社会主义市场经济体制的建立更加重要和急迫，也是党和国家对社会主义道路的一种探索。全国总工会在1983年10月召开的工会十大上审议通过了新的工会章程。根据中共十二大的会议精神，对工人运动和工会工作的总方针以及总路线都做了较大调整。此次章程修改是中共十二大精神在工运领域不断发展的结果，也标志着中国工运进入了新的阶段。此后，工会工作顺利推进。随着改革开放工作的不断铺开，原本的工会章程逐渐难以适应新的劳资形势，工会章程修改已经成为客观要求。1987年的中共十三大赋予了工会组织新的使命和任务，要求工会工作逐渐向社会主义市场经济体制转变，中国工会工作进入了重要的历史转变期。1988年10月5日至9日全国总工会十届六次执委扩大会议召开，会议通过了关于《工会改革的基本设想》的决议和《关于<中国工会章程>部分条文修正案（草案）》的决议，为工会改革和工运事业的发展奠定了组织基础。在半个月后召开的中国工会第十一次全国代表大会上，倪志福代表做了题为《推进工会改革，团结亿万职工，在全面深化改革中发挥主力军作用》的工作报告，指出工会在社会主义经济体制建设中发挥的重要作用，工会应该继续保持并不断完善自身建设，进行组织改革。工作重心围绕经济建设，增强基层工会活力，加强工会与群众的联系，增强工会决策的民主性，带领广大职工建设社会主义经济体制。

基层工会组织不断完善。1980年底至1981年初，历时近两个月的全国工会基层工作座谈会对工会基层组织的发展建设有极大的推动作用，全国总工会对全国各级包括行业工会都做出了要求，即基层工会组织要面向基层、深入基层、服务基层和支持基层。在基层组织亟待与改革要求相匹配的改革开放初期，此次座谈会对基层工会的组织精简、效率提高、干部年轻化等方面起到了重要作用，而且调动了各地对于改革开放的积极性，对改革开放的后续推动起到了重要的人才储备和组织准备作用。工会十大明确了工会工作对中共十二大精神的坚定贯彻落实，1984年12月召开的十届二次执委会议进一步指出，工会应该在经济体制改革中发挥重要作用并做出《认真贯彻党的十二届三中全会精神，充分发挥工会组织在经济体制改革中的作用的决议》。此次会议根据中共十二大、工会十大制定了工会组织在经济体制改革中的具体工作细则与方针，是对十二大精神落实的具体表现，为工会组织在经济体制中建功立业奠定了思想基础。

第五节 劳动关系主体之间的互动

在经济发展方面，不断深化改革开放，积极推动中国特色社会主义市场经济体系的发展。全国上下在中国共产党的带领下积极推动四个现代化建设，经济迅速恢复发展。党的十一届三中全会以后，全国掀起了四个现代化建设的热潮，"七五计划"的顺利完成为"八五计划"的制订奠定了坚实的基础，很大程度上激励和鼓舞了劳动者继续为"五年计划"的完成建功立业。

在制度改革方面，全国总工会的工作重点向努力实现新时期改革开放总目标以及和谐劳动关系的构建上倾斜，积极促进多种所有制经济在中国的适应性发展，带领工人阶级艰苦奋斗，保障工人阶级劳动权益。全国各级工会积极响应中国共产党关于经济制度改革的号召，在指导国内现存企业适应新制度的同时，协助新企业进入中国市场，共同创建一个和谐有序的市场环境。

在劳动保护方面，劳动保护事业法制化开始萌芽。改革开放的发展对企业提出了更高的要求，同时也对劳动关系建设带来了更大的挑战。现代化建设的主力军是工人阶级，加上改革开放后更加复杂的市场环境，劳动保护制度的进一步完善成为改革开放的重要配套措施。国家除了出台劳动保护相关条例外，也开始着手劳动保护法制化工作。多部条例颁布以规范企业用工，改善工作环境卫生条件，保障企业内工人阶级的生命安全。《中华人民共和国全民所有制工业企业法》《中华人民共和国工会法》等多部重要法律的颁布为劳动法制体系的建设奠定基础，是劳动法律体系逐步完善的重要开端。劳动关系多元化阶段各个主体的实践总结如图3.1所示。

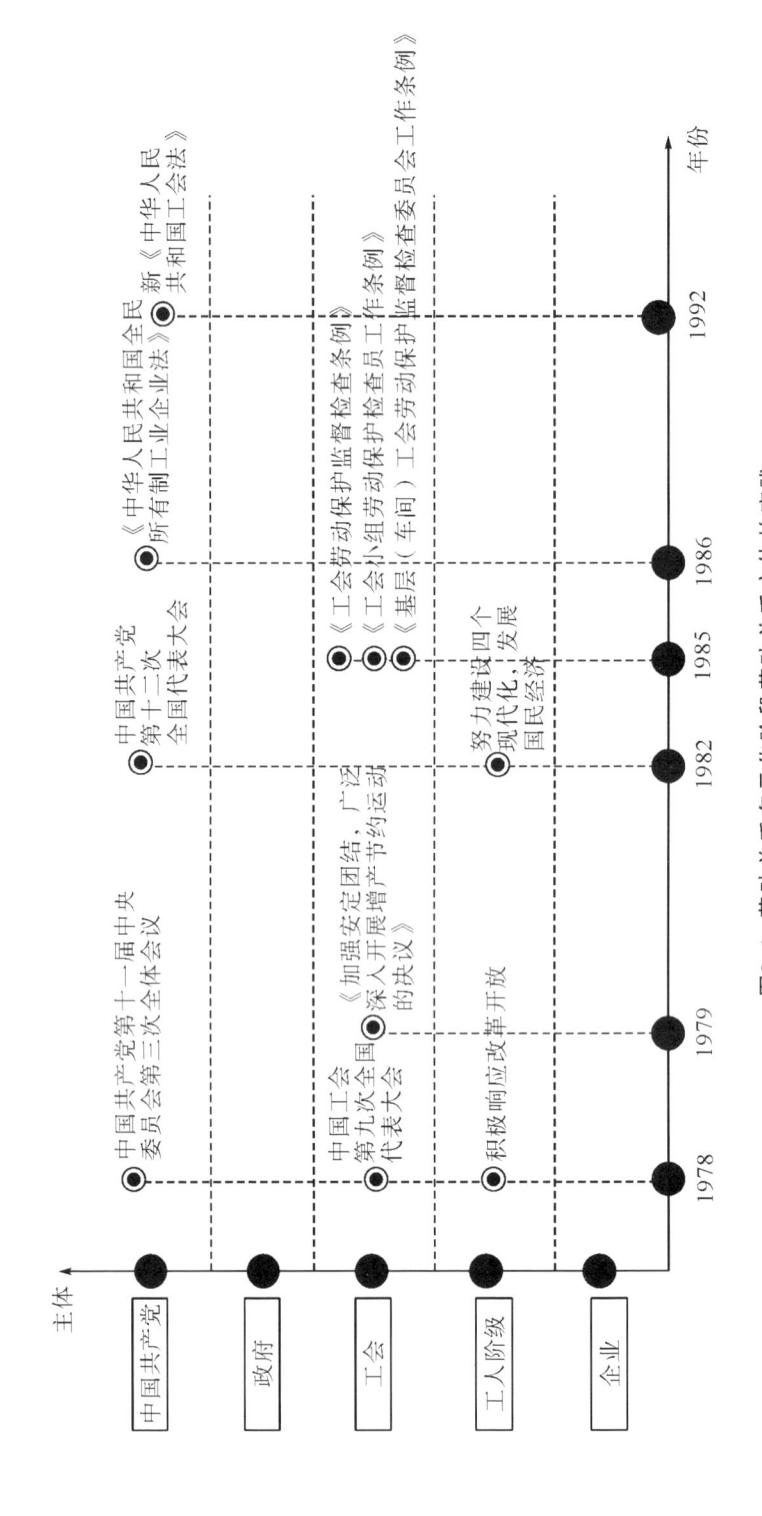

图3.1 劳动关系多元化阶段劳动关系主体的实践

资料来源：笔者根据相关文献和资料整理而得。

第四章 劳动关系多元化阶段的理论研究

党的十一届三中全会确立的改革开放路线推动我国进入新的历史时期，中国劳动关系总体格局也随之发生变化，市场的开放让原本单一公有制的劳动关系格局发生改变，多种所有制企业的出现带来了多样化的劳动关系。从封闭到开放的市场出现了新事物和新制度，也带来了一系列的矛盾和问题。也正是因为新事物及矛盾和问题的增多，让更多的学者加入劳动关系领域的研究中。

我们从1978—1991年劳动关系相关文献中（中文文献417篇、英文文献18篇）甄选出现10次以上的关键词，由图4.1标签视图可知关键词条目共13个。由图4.1标签视图可知，此阶段劳动关系研究的关键词条目共有3个群组。第1个群组包含了4个条目，"劳动关系"出现次数最多，该群组关键词条目还包括"改革开放""私营企业""国有企业"。第2个群组包括6个条目，主要围绕"劳动合同制""劳动立法""工会""职工代表大会""劳动争议"等关键词条目展开。第3个群组包括"生产资料""生产关系""生产力"3个条目。由图4.2密度视图可知，"劳动关系""改革开放""私营企业""劳动立法"条目的密度较大、热度较高。根据可视化分析结果，可以发现改革开放对我国的劳动关系治理产生了深刻的影响，各类所有制企业百花齐放，不同类型企业劳动关系的研究引起了学术界的关注。与此同时，劳动关系的运行也开始走向制度化和法制化，以工会和职工代表大会为核心的多元化劳动权益保障渠道成为关注的重点。

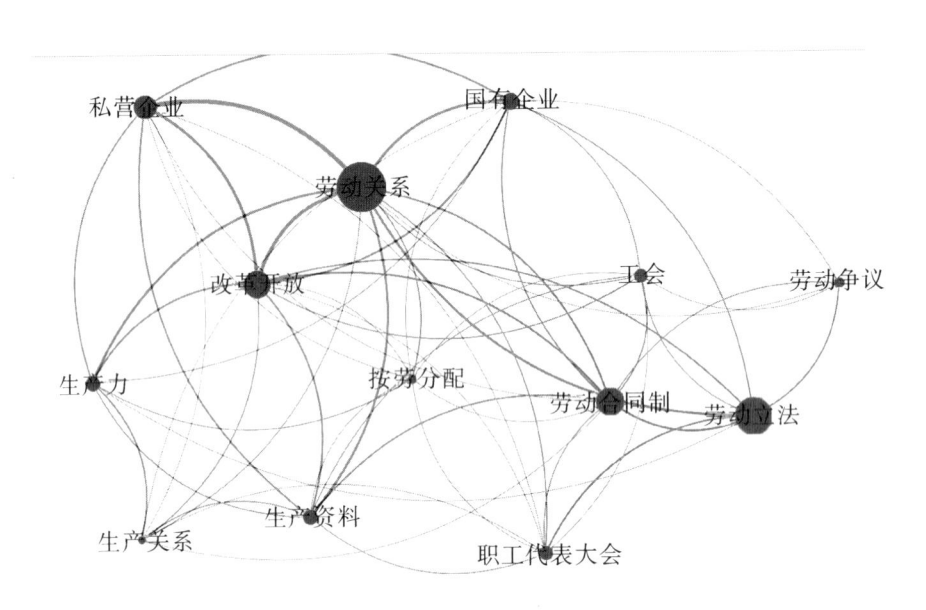

图 4.1　1978—1991 年劳动关系关键词聚类标签视图

图 4.2　1978—1991 年劳动关系关键词聚类密度视图

第一节　改革开放对多元化劳动关系治理的影响

党的十一届三中全会确立了改革开放的路线，我国开始向市场经济体制转型。尽管同为社会主义公有制，但计划经济体制下和市场经济体制下的劳动关系的表现有明显区别。计划经济体制下由政府统包统配，由政府将劳动者分配到企业的各个岗位，使劳动者和企业保持固定的劳动关系，形成劳动力"国有""公有"的局面。但是这种分配方式带来了不少弊端：第一，弱化了职工的劳动积极性。统包统配通常是一次分配定终身，且具有退休交班制度，能够子承父业。第二，不能完全做到人尽其才、才尽其用，经常出现学非所用、用非所学的现象。整个社会都是"重全民、轻集体，个体劳动被人瞧不起"的不良风气[①]。而在市场经济体制的劳动关系中，劳动者之间、劳动所有者之间以及不同的利益主体之间，在生产领域中是独立自主、分工协作地进行劳动生产的关系，在流通领域中是公平合理、等价交换劳动成果的关系。

经济体制改革使得企业所有权和经营权分离，让企业成为独立的法人，用人权实现了从国家到企业的转移。企业能够根据工作需要，有针对性地对技术人员和管理干部进行招聘，打破人才的封闭性，劳动力在各地区、各部分之间可发生交叉关系[②]。随着劳动合同的出现，劳动者享有了选择职业的权利，劳动者的主体地位得以确立。在市场经济体制的发展中，劳动关系的主体形式也从国家单一主体逐渐演变为企业和劳动者双主体。用人单位具有招聘权，劳动者也具有自主择业权，劳动力和岗位实现了最大化匹配[③]。

在社会主义市场经济体制中，劳动力作为生产要素之一，具有"商品性"。对劳动力资源的交换，要特别关注企业经营机制转换后我国的劳动力资源供大于求的情况下国家的宏观调控。对于国家的调控力度，有学者

---

① 孙立新，裴守喜. 关于改革劳动制度的必要性及其途径 [J]. 河南财经学院学报，1987 (4)：46-47.

② 韩康. 论社会主义经济关系的多元劳动主体结构：对经济体制改革理论基础的再思考 [J]. 江西社会科学，1985 (3)：23-28，33.

③ BECKER B E, GAO Y. The Chinese urban labor system: Prospects for reform [J]. Journal of Labor Research, 1989, 10 (4): 411-428.

认为国家市场化进程不宜过快,因为在企业经营机制转换后会有一大批失业下岗的富余人员,与日益增长的适龄劳动人口同时在就业市场竞争,如果市场化进程过快,可能会导致社会不稳定;也有学者认为只有加速国家市场化改革的进程,促使企业经营机制加速转换,才可以提供更多的就业岗位,缓解就业压力。同时,多元化劳动关系治理应建立和完善公平竞争的劳动力市场、公平交换劳动成果的酬劳机制、公平公正的监督机制。

第二节 不同所有制企业劳动关系管理策略研究

随着改革开放的推进,劳动关系多样化的特点开始显现。多样化一方面表现在多种所有制形式的劳动关系上,在单一公有制形式的劳动关系格局上还增加了全民所有制单位、集体所有制单位、私营企业、联营单位、股份制企业、外商投资企业和港澳台投资企业等劳动关系;另一方面表现在同一企业中就存在多种形式的劳动关系。在多样化的特点下,市场竞争加剧,劳动关系也从同志式的互助合作关系逐步转变为以利益驱动为主的合作关系。

国有企业在市场经济体制改革下转变为自主经营、自负盈亏的经济实体。改革开放初期,国有企业主要在探索合适的现代化企业领导体制,由原来的国家越过企业直接管理员工到党政分工、政企分开,实施厂长(经理)负责制,把权力下放给厂长(经理)和人民群众,国有企业以党委集中领导、职工民主管理、厂长行政指挥为根本原则,是其在管理上的一个重大突破,打破了国有企业日常行政事务的束缚,使国有企业真正能在厂长的统一指挥下为达到任期责任目标进行生产经营活动①。为提高职工积极性,国有企业亟须进行劳动人事制度改革②,引入股份制形式是国有企业在提高职工积极性方面做出的一个大胆的尝试③。

对于私营企业而言,不同于国有企业的放权,私营企业复杂的劳动关

---

① 王自立. 劳动人民在国营经济中主人翁地位的多层次关系 [J]. 淮北煤师院学报(社会科学版),1986 (2): 17-21.

② 侯文学. 增强企业活力与劳动人事制度的改革 [J]. 法律科学(西北政法学院学报),1992 (S1): 68-72.

③ 朱家琪,秦永青. 浅析我国国有企业劳动关系的变化及企业利益机制的调整 [J]. 中国工运学院学报,1989 (5): 59-61, 76.

系需要从不同角度加强政府宏观管理①。党的十二届三中全会以来，私营经济重新崛起和发展，成为我国改革中不可或缺的一部分。私营经济涵盖面很广，除了包括资本主义经济外，还包括了个体经济和小业主，这也意味着私营经济的市场很大，难以监管。在私营企业的发展中，存在着劳动环境差、劳动保护措施不完善、雇工劳动时间长、雇工缺乏必要的社会保险和福利待遇等侵害劳动者权益的现象。学者们一致认为解决上述现象，要从完善私营企业劳动立法和规范政府有关部门管理两方面着手②。私营企业的确在促进生产、扩大就业、更好地满足人民的需求方面有突出的贡献，但这并不意味着国家给剥削开了绿灯。应正确引导对私营经济的投资方向，加强对私营经济守法经营的监督。

涉外企业作为一种社会主义经济中的新型企业，与现有的公有制企业的劳动关系管理方式上存在着较大的差异。涉外企业包括了中外合资经营企业、中外合作经营企业和外商独资企业，它的不同主要表现在合同化和不稳定性。国家法规明确规定，涉外企业用人实行劳动合同制。在这种情况下，劳动关系主体双方的权利和义务都有了明确的法律形式，这也使得劳动双方权益意识和利益冲突明显化。然而，一方主体的权益受到侵害时，会采取法律措施来保护自己，涉外企业的劳资争议会明显高于其他所有制企业。涉外企业的劳动关系不稳定性表现在企业招人和用人上。涉外企业在中国的发展过程中出现了一种新的权利管理模式，它以建立人才交流中心或允许工作借用等方式加大了员工的流动性，减少了员工对单一工作场所的经济依赖，提高了他们换取更高工资或福利的能力。这种模式的出现，可能会对私营企业甚至国有企业产生较大的冲击③。

---

① 管怀鎏. 论加强对私营经济的宏观管理 [J]. 经济问题, 1988 (4)：17-20.
② 董建民, 刘仁. 我国私营经济问题讨论综述 [J]. 财经科学, 1989 (6)：56-59.
③ PEARSON M M. Breaking the bonds of "organized dependence": Managers in China's foreign sector [J]. Studies in Comparative Communism, 1992, 25 (1)：57-77.

第三节　多样化的劳动权益保障渠道

进入20世纪70年代末以来，中国的新经济改革设计了职工代表大会制度[①]。职工代表大会制度的建立使得原本只能依赖工会维护权益的工人多了一种方式去保障自身作为劳动者的权益，新出现的职工代表大会制度成为研究的重点。

就职工代表大会制度建立的初衷而言，建立职工代表大会制度是为了实现集中领导和民主管理的和谐统一，有效激发职工的主人翁意识[②]。对于其实施效果，国内外褒贬不一。国内学者大多认为职工代表大会起到了积极的作用。他们认为职工代表大会是联系企业决策层、经营层与劳动层的桥梁，是推动劳动者实现企业经营目标的有效形式，在推动企业自身的发展、维系企业与劳动者之间劳动关系的稳定与提高劳动者各方面素质中发挥着巨大的作用[③]。但国外学者和少部分国内学者对于职工代表大会在中国的实施效果持怀疑或否定的态度。职工代表大会看似是走向民主化的重要一步，但Lansbury认为职工代表大会的作用是划分企业内部的政治和行政职能，将日常管理的权利交给企业董事会，党委则负责政治思想工作，保证党的方针政策的执行[④]。职工代表大会实际上处于党委的领导之下，在国家总体规划的指导下行使职权。在允许企业获得更大自治权的逐步改革之前，职工代表大会一直无法干预国家规定的工资、雇佣等权益的决定[⑤]。同时，在组织结构上，股东会、董事会和监事会的出现未能给职工民主管理提供保证[⑥]。职工代表大会在企业管理决策方面的效能很容易被夸大，它的实际能力通常是咨询性的或充其量是监督性的。

---

① WARNER M. Industrial relations in the Chinese factory [J]. Journal of Industrial Relations, 1987, 29 (2): 217-232.

② 庄振华,周积泉. 民主管理促使工厂企业更有活力 [J]. 社会科学, 1982 (2): 51-54.

③ 陈文渊. 实现企业民主管理的基本形式：试谈职工代表大会制度 [J]. 北京政法学院学报, 1981 (3): 63-69.

④ LANSBURY R. Management at the enterprise: level in China [J]. Industrial Relations Journal, 1984, 15 (4): 56-63.

⑤ HONG N S. One brand of workplace democracy: The Workers' congress in the Chinese Enterprise [J]. Journal of Industrial Relations, 1984, 26 (1): 56-75.

⑥ 刘智生. 处理好职代会与"新三会"的关系 [J]. 经济管理, 1994 (10): 14-15.

世界各国在企业的职工民主管理上也有类似职工代表大会的制度，如德国股份制企业的共决制、瑞典企业董事会的职工代表制、东欧的工人委员会等，这些制度都反映了工人参与、工人管理的思想，也体现了不同国家的特色①。将它们对比起来分析，除了选举、管理和监督人员的象征性权力外，中国职工代表大会在自由裁量权方面的限制更加严格②。

在这一阶段，工会重建并逐渐恢复职能，工会组织所承担的工作在社会主义市场经济下也发生了新的变化。首先，明确工会本身的定位成为工会面临的第一道难题。在社会主义计划经济背景下，劳动关系双方无法被认为是两个独立的主体，工会不需要有明确的定位，因为不管是站在员工还是企业抑或是国家层面，所有的流程和制度都是在国家的规划指导下进行的，员工的福利自然也由国家规划。在社会主义市场经济背景下，国家、企业和劳动者都是相互独立的利益主体，工会必须明确自己作为劳动者代表的身份。其次，工会在工作重点上要发生变化。企业市场化以后，随着市场环境的复杂化，企业内部的劳动关系将会变得复杂，工人维权意识增强的同时劳资矛盾会成倍增加，工会要通过维护劳动者的利益来调节劳动关系③。对劳动者最基本的权利的维护愈发紧迫，诸如工资、工时、劳动保险和社会保障都可能是劳资矛盾的源头。最后，在工作方式上，工会将由以政治为出发点来参与社会和企事业的经济活动，配合企业行政来完成各项计划经济指标，转变为工会不仅要继续发挥它的政治作用，而且还要在社会经济关系中取得独立身份，直接参与经济建设。

第四节　劳动法出台前的研讨与论证

国家对于劳动法一直是重视的，尤其在社会主义改造和经济体制改革的进程中，领导层不断强调劳动法的制定工作④。20世纪八九十年代，劳

---

① 邓志荣. 浅谈国营企业公司制改革后工会、职代会的地位与作用 [J]. 经济管理与干部教育, 1994 (3): 94-96.

② HONG N S. One brand of workplace democracy: The Workers' congress in the Chinese Enterprise [J]. Journal of Industrial Relations, 1984, 26 (1): 56-75.

③ 常凯. 论社会主义初级阶段工会在发展生产力中的身份和作用 [J]. 中国工运学院学报, 1988 (3): 15-19.

④ 陈文渊. 加强劳动立法是当务之急 [J]. 政法论坛, 1989 (4): 66-71.

动法的起草工作正式展开，学者们就劳动法的意义、地位、适用范围以及原则等问题展开了激烈的讨论。

对于劳动法的重要性在全国各层级已达成一致认识：从经济层面来看，市场经济体制的快速发展亟须相适应的法律法规来为不同所有制的企业发展提供法制保障；从政治层面来看，劳动法直接关系到广大劳动者的权利与切身利益，只有保障了劳动者的权利和利益，才能保障社会稳定和长治久安[1]；从法律完善层面来看，对于整个劳动法规而言，劳动法是基本法一般的存在。

尽管明确了劳动法制定的必要性，但对于劳动法的地位问题，我国法学界大体有两种看法。一种观点认为劳动法仅是经济法的一个组成部分；而另一些学者，如之布[2]等则提出相反意见，认为劳动法应该作为我国法律体系的一个独立部门而存在。就经济条件和劳动法的调整对象来看，劳动法应该具有独立存在的必要性[3]。

在劳动法起草工作及内容方面，劳动法的适用范围和基本原则备受关注。首先，关于劳动法适用范围的界定存在着究竟是适合于各种形式的劳动关系还是仅适合于某种特殊形式的劳动关系的争议。有学者认为我国的劳动法可能对国家机关、企事业单位发生的劳动关系更为适用[4]。但是为了适应经济体制改革发展带来劳动关系多元化的特点，我国在劳动法制定工作中致力于让即将出台的劳动法适合于更普遍的劳动关系。其次，劳动法制定的基本原则应该从劳动法本身的性质和作用来提出。除了遵守宪法这一根本原则外，最核心的是保障劳动者权益，在此基础上更具体的是贯彻"按劳分配"的原则[5]，实行以精神鼓励为主、物质鼓励为辅，以奖励为主、以惩罚为辅，以教育为主、以惩处为辅的原则[6]。

---

[1] 史探径.应当重视劳动法的作用［J］.法学评论，1986（4）：24-27.
[2] 之布.试论劳动法在我国社会主义法律体系中的地位［J］.青海社会科学，1988（5）：117-119.
[3] 穆镇汉，侯文学.劳动法是一个独立的法律部门［J］.西北政法学院学报，1984（3）：1-5.
[4] 凌相权.对劳动法的法律地位及适用范围之我见［J］.中国政法大学学报，1984（4）：52-55.
[5] 王乃荣.试论我国劳动法的基本原则［J］.法律学习与研究，1986（8）：19-22.
[6] 夏积智，陈文渊，王昌硕.劳动法是我国一个独立的法律部门［J］.北京政法学院学报，1980（1）：92-98.

第五节　劳动争议处理机制初探

改革开放后，中国的经济发展进入新的阶段，但我国的劳动法制建设还处于刚刚起步的阶段，经济的发展与劳动法制建设不相匹配，劳动争议的处理机制还不能适应形势发展的需要，因此劳动争议案件频频发生。劳动争议及其处理也成为该阶段学术界研究的焦点。我国学者对劳动争议的研究主要集中在对我国劳动争议的性质、产生原因及处理制度的完善建议三个方面。

劳动争议是指已发生劳动关系的当事人双方因执行劳动合同或者劳动法规所发生的一切争议①。学者们一致认为在不同社会制度下，劳动争议有着本质的区别。在资本主义制度下，资本家与劳动者之间地位不平等，属于两个对立的阶级，存在着不可调和的矛盾。与资本主义国家不同的是，我国作为社会主义性质的国家，人民群众之间、群众与领导之间、上下级之间，特别是职工与他们所在单位之间的利益，从根本上讲是完全一致的②。我国发生的劳动争议属于人民内部矛盾，是可以通过诸如政府协调、教育等各种手段和方式从中协调并解决的③。

按发生原因对我国的劳动争议进行分类，主要包括：由录用、调动、辞职和辞退问题引起的争议；由劳动报酬问题引起的争议；由劳动保险和生活福利问题引起的争议；由工作时间、休息时间和劳动安全卫生问题引起的争议；由职业技术培训问题引起的争议等④。产生这些争议的根本原因在于：在认识上，企业和职工个人的法律意识淡薄，企业不遵循劳动法律，职工个人不采用法律手段维护个人利益；在作风上，对企业与机关工作人员而言，职场官僚主义盛行，漠视劳动者的合法权益，其带来的直接结果是对劳动者的合理诉求不处理不解决使其无处维权；就劳动者个人来说，个别劳动者个人主义思想严重，过分追求个人利益而不顾集体利益和

---

① 张再平，夏佩军. 劳动争议处理刍议 [J]. 河北法学，1988（6）：22-24.
② 夏积智. 我国解决劳动争议的指导思想 [J]. 中国劳动科学，1987（6）：33-35.
③ 葛少英. 论劳动争议的有效预防 [J]. 中国工运学院学报，1991（2）：60-62.
④ 同振魁. 浅议建立和健全处理劳动争议的机构和程序 [J]. 中国劳动科学，1986（11）：24-25.

国家利益；在制度法规上，如何处理劳动纠纷尚未有成熟法律与章程可以遵循①。

对于劳动争议的处理，参照劳动部1950年颁发的《关于劳动争议解决程序的暂行规定》，我国处理劳动争议可以分为四个程序：调解程序、仲裁程序、法院审理和依隶属程序处理劳动争议。但由于没有正式的立法及该规定的覆盖面有限，企业及相关组织并没有将该规定落到实处。学者认为国家应当健全和完善劳动争议处理的立法，使劳动争议案件有法可依②。同时，要扩大劳动争议仲裁的受案范围。在适用范围上，不仅要包括国有企业的劳动争议处理，还应当包括"三资"企业和私营企业；在内容上扩大到工资、保险、福利、安全等方面③。要提高仲裁人员的素质和确立办事原则。一般性的原则包括以事实为依据，以法律为准绳原则；以调解为主的原则；在适用法律上一律平等的原则；坚持合议原则④。

劳动关系多元化阶段研究概况见表4.1。

表4.1 劳动关系多元化阶段研究概况

研究主题	核心观点
改革开放对多元化劳动关系治理的影响	·劳动关系主体形式的变化：经济体制开始向市场经济转型，企业掌握用人权，劳动者的主体地位真正确立 ·多元化劳动关系治理的方式：国家要适度调控，建立和完善公平竞争的劳动力市场、公平交换劳动成果的酬劳机制、公平公正的监督机制
不同所有制企业的劳动关系管理策略研究	·国有企业：需要政府减少控制，如引入股份制形式，允许工人参与企业管理 ·私营企业：加强政府宏观管理，在具体措施上，私营企业要注重立法的完善和政府有关部门的监管规范 ·涉外企业：劳资主体间的合同化和劳动关系的不稳定性

---

① 丁榕芳.建立劳动争议仲裁制度 保障劳动双方合法权益［J］.福建论坛（经济社会版），1986（12）：62-64.
② 陈文渊.试谈劳动争议的处理［J］.北京政法学院学报，1982（3）：64-67.
③ 刘贯学，黎建飞.论健全我国劳动争议仲裁制度［J］.法律科学（西北政法学院学报），1992（6）：53-55，65.
④ 王河.论建立中国特色的劳动争议仲裁制度［J］.宁夏社会科学，1991（3）：62-67.

表4.1(续)

研究主题	核心观点
多样化的劳动权益保障渠道	·职工代表大会的地位：增加了工人维权的途径 ·职工代表大会的作用：区分企业内部的政治和行政职能，发挥咨询和监督功能 ·职工代表大会的局限：由于党委介入过多，民主化程度仍有局限 ·工会恢复的改革方向：在工作对象上，明确自己作为劳动者代表的身份；在工作重点上，调节企业内部劳资关系；在工作方式上，发挥政治作用和经济作用
劳动法出台前的研讨与论证	·劳动法的重要性：经济层面，为企业发展提供法制保障；政治层面，保障劳动者的权利与切身利益；法律层面，劳动法是基本法之一 ·劳动法起草工作及内容：扩大适用范围，保障劳动者权益
劳动争议处理机制初探	·我国劳动争议的定性：社会主义制度下，劳动争议是可以经过调解得到有效解决的 ·我国发生劳动争议的原因：认识上，企业和职工本人法律意识淡薄；作风上，机构人员官僚主义，少数职工个人主义；制度法规上，存在无法可依、无章可循的现象 ·我国劳动争议处理制度的完善建议：健全和完善劳动争议处理立法；扩大劳动争议仲裁的受案范围；提高仲裁人员的素质和确立办事原则

资料来源：笔者根据相关文献和资料整理而得。

第三篇

新型劳动体制建立阶段：

1992—2001 年

第五章　新型劳动体制建立阶段的实践探索

1992年，党的十四大召开，建立社会主义市场经济体制成为我国改革目标，改革开放和现代化建设进入新的阶段。随着改革开放进程的不断推进，劳资关系以及市场机制已经发生了深刻变化，改革开放中的问题和矛盾开始显现。在社会主义市场经济体制得到深入推进的同时，劳动体制改革也不断强化，以期在变化的市场环境中保障劳动者权益。工会不断加强自我建设，吸纳工人阶级参与工会工作，增强工人阶级主人翁意识，并不断创新工作思路，提升企业民主管理水平。

第一节　深入推进社会主义市场经济体制与新型劳动体制改革

这一时期是世纪交汇的关键时期，此时的世界政治环境以及国家内部的劳动关系市场风云变幻，"发展才是硬道理"可以很好地概括这一时期的主旋律。改革开放不断深入，社会主义市场经济体制改革与新型劳动体制改革也不断推进，市场在资源配置中的基础性作用得到明显增强。但是一些难点重点也逐渐凸显，国有企业改革、职工队伍建设等问题成为劳动关系工作的重点和难点。中国共产党不断发挥制度优势，领导工会组织稳定逐步推进国有企业转制改革。1993年3月，全国人大八届一次会议明确指出，要从国有企业改革、促进各类市场发展、社会保障制度改革以及价格改革等多个方面入手，推动建立社会主义市场经济体制。1993年11月，中共十四届三中全会做出《中共中央关于建立社会主义市场经济体制若干问题的决定》（以下简称《决定》），《决定》对市场经济体制改革做出明确规定和细化方案，将"整体推进，重点突破"作为改革战略，并提出要在20世纪末初步建立社会主义市场经济体系，将市场经济体制改革推进到一个新的阶段，并直接促成了《中华人民共和国公司法》的颁布与实施。

此后，财税制度、金融机制、外贸制度等多个方面的制度开始朝着社会主义市场经济体制改革的方向推进，加快了中国社会主义市场经济体制转轨的步伐。尤其是中国工会第十二次全国代表大会之后，工会工作新方针的确立以及《团结动员全国职工发挥主力军作用，为夺取有中国特色社会主义事业的更大胜利而奋斗》的工作报告都深刻表现出工会组织以及工人阶级贯彻落实党的社会主义市场经济体制建设方针并为此奋斗的决心。1993年，工会十二大发出了积极探索有中国特色社会主义工会工作的新路子，努力开创工会工作新局面的号召。根据工会十二大的要求，全国总工会联合各级工会以及产业工会开展调查研究，并于2月下发了《1994年全国总工会调研课题及协调方案》（以下简称《协调方案》）。《协调方案》从国有企业改革、现代企业制度建立、工会立法参与以及职工队伍建设等多个方面进行了理论研究并形成了具体成果，成为工会贯彻落实党的转型方针和领导工人阶级建设社会主义市场经济体制过程中的重要指导思想。在推动社会主义市场经济体制建立的过程中，国有企业转制和建立现代企业制度成为工会工作的主要方向。各地工会积极动员工人阶级支持并参与改革，推动企业民主管理，为工人阶级积极参与社会主义市场经济体制改革提供保障；大力推动职工培训的发展，提高工人阶级专业素养，保证改制后下岗的职工再就业，稳定社会就业率，促进企业的改革发展。

在推动现代企业制度建立方面，全国总工会积极参与由国务院牵头、多部门共同组成的工作小组，并在其中承担重要工作，针对职工利益、班组建设等多个重大问题提出意见和建议，积极参与相关配套措施的制定，为企业转换经营机制献计出力，推动现代企业制度在企业中的切实建立与发展，为社会主义市场经济体制的建立奠定企业基础。1998年5月，全国总工会进一步成立促进再就业工作领导小组，积极寻求并形成有效的工会工作机制，对社会主义市场经济体制改革中的不稳定因素起到了很好的稳定作用，不断夯实改革开放以及社会主义市场经济体制建设成果。工人阶级为了更好地为社会主义市场经济体制的建立贡献自身力量,积极参与企业改革,并不断加强自身学习,文化素养以及职业道德不断提高。广大职工积极踊跃参与工会组织的各项群众性经济技术创新活动以及劳动竞赛,对企业竞争力的提高以及生产力的提高起到了重要作用。在中国共产党、工会组织以及工人阶级和众多企业的共同努力下,生产力持续提高,社会主义市场经济体制不断发展,中国经济在复杂的世界经济政治环境中飞速发展。

第二节 创新企业民主管理形式

倡导不同所有制企业探索新的民主管理形式。1994年6月,全国职工民主管理工作会议通过了《全国总工会关于在建立社会主义市场经济体制中加强职工民主管理工作的意见》,明确了新形势下职工民主管理的任务和目标,提出了不同所有制、不同经营方式的企业和事业单位职工民主管理新的实现形式和途径,形成了新时期职工民主管理工作的基本思路。为了推动集体协商和集体合同的发展,全国总工会于1995年2月发布了《全国总工会关于建立集体协商和集体合同制度中做好工会工作的意见》,并在一年后批准成立了全国总工会集体合同办公室并积极召开研讨会,寻求企业民主管理的创新方式,以期适应社会主义市场经济和工人阶级队伍的发展变化。全国总工会强调建立平等协商的工作格局和工作机制,以此推行平等协商与集体合同,不能追求速度,应该保证质量地建立起可以切实运行的工会工作机制。

吸纳工人阶级参与企业事务。在1997年召开的中国共产党第十五次全国代表大会上,时任中共中央总书记的江泽民同志做了题为《高举邓小平理论伟大旗帜,把建设有中国特色社会主义事业全面推向二十一世纪》的报告,报告强调基层民主的建立与扩大,工会等群众团体在协助社会事务的同时,应该尽力发挥群众在团体中的智慧和监督作用,并指出要继续加强完善企业民主管理制度的建设,深入推进以职工代表大会制度为基础的企业民主管理制度;同时,对加快国有企业改革提出了新的要求,指出不仅要从企业着手开展改革工作，更要从工人阶级入手，改变工人阶级的思想，树立起主人翁意识，提高工人阶级素质，使得工人阶级可以真正参与到企业事务中，推动国有企业改革。中国共产党第十五次全国代表大会是在世纪之交的重要节点召开的关键会议，是保证全党沿着邓小平开辟的中国特色社会主义道路继续前进的一次大会，也为中国工人运动和工会工作在推动国家跨世纪发展中发挥作用以及自身的跨世纪发展指明了方向。

实行厂务公开制度。1998年10月，"实行厂务公开，加强企业民主监督民主管理"研讨会召开，各地工会组织参加会议，总结工作并相互交流经验，明确了厂务公开的三个重点方向，即涉及企业生产经营和改革发展的重大问题；涉及全体职工利益的问题；企业党风廉政建设等问题[①]。会议强调，厂务公开是保证职工直接行使民主权利，依法参加企业管理的重要形式和新鲜经验。11月，全国总工会贯彻落实会议精神，切实推进企业民主事业的发展，与多部门联合下发了《关于国有企业实行业务招待费使用等重要事项向职代会报告制度的规定》。此后，全国各地实行厂务公开的企业迅速增加。在进入21世纪之前，中国已经建立起以集体协商、职工代表大会制度和厂务公开为核心的企业民主管理体系。一些先进的企业管理理论进入中国，企业民主管理逐步完善，并步入法制化的轨道。

第三节　初步建立劳动法制系统保障劳动者权益

改革开放深入时期正值世纪交汇之际，国际局势变换，国内劳资关系市场也随着改革开放的深入发展而变得愈发复杂，劳资矛盾开始突出，劳动者权益保护已经成为客观要求。这一阶段，在过去法制建设的基础上，初步建立起劳动法制系统，保障了在劳资关系市场中处于弱势方的工人阶级的基本权益，并逐渐细化至具体的群体、行业等。在这个过程中，工会组织积极参与劳动领域相关的法律法规制定，从不同角度为劳动法制提供思路，工人阶级的基本权益得到保障，形成了良好的激励作用，在社会主义市场经济体制的建设过程中持续发挥重要作用。

---

① 谢智钢. 规范运作 强化管理 切实加强厂务公开工作 [J]. 中国工运, 2005 (12): 22.

1993年12月29日,《中华人民共和国公司法》(以下简称《公司法》)出台。《公司法》的出台促进了现代企业组织形式的引进,是新形势下工会开展工作的重要背景。《公司法》的颁布推动了现代企业管理思想在中国企业的实际应用,而且在法律层面建立起多种企业的规范化制度。1994年7月15日颁布的《中华人民共和国劳动法》(以下简称《劳动法》)明确规定了劳资双方的权利与义务,不仅维护劳动阶级的权益,也保护企业的合法权益,使得劳资双方处于法律层面的平等地位,推动我国社会主义市场经济体制进一步发展,我国的劳动立法迈上了一个新的台阶。《劳动法》的出台是社会主义市场化不断发展的产物,其目的就是调整改革开放新形势下的劳动关系,维护劳动者权益。2001年10月27日,人大常委会贯彻落实"三个代表"重要思想的要求,坚持党的解放思想、实事求是的思想路线和与时俱进、开拓创新的品格,修订了《中华人民共和国工会法》(以下简称《工会法》)。随着改革开放的不断深化,原有的《工会法》与我国实际情况已经有所不符,修订后的《工会法》明确规定工会要加强组织建设,积极建立稳定协调的劳动关系,强调工人作为建设主力军的作用等,从法律层面解决了一系列亟待解决的劳资关系问题。

　　《公司法》《劳动法》《工会法》的出台与修订从法律层面规范了劳动关系主体的行为,积极推动了新型劳动关系的和谐发展,为我国劳动法制体系的建设做出了卓越贡献。除法律体系逐渐完善外,政府将法律思想细化为行政法规,以完善劳动法制体系。这一时期多项国务院条例出台,细化补充已经出台的法律,劳动法制系统初步建立,例如《失业保险条例》《社会保险费征缴暂行条例》等条例保护劳动阶级合法权益,提高劳动阶级的劳动热情;《禁止使用童工规定》则从国家层面强制禁止以规范企业的行为,保护弱势群体的合法权益。行政法规与正式法案的结合推动,使得劳动关系弱势方在劳动力关系市场上的权益得到保障,劳动关系领域法制化初步建立。

第四节　工会不断加强思想建设和组织革新

在旧的工会工作方针已经无法适应新形势的情况下，中共中央领导工会组织不断加强自我建设与自我革新，不断适应新形势，贯彻落实党的十四大精神，确立新形势下工会工作的新方针。在市场环境日渐复杂的背景下，不断推动劳动保障制度的发展，促进民主管理在企业中的建立，同时，在领导机制、组织建设等各个方面取得重要突破，为今后工会工作的顺利开展奠定重要基础。

根据国家总体规划，制定和调整工会工作方针。1993年10月24日，全国工会第十二次代表大会如期举行。工会十二大贯彻落实中共十四大精神，围绕党和国家制定的一系列逐步建立社会主义市场经济体制的总体规划和配套措施来制定新的工会工作方针。在《劳动法》颁布的背景下，全国总工会坚持党的解放思想、实事求是的思想路线和与时俱进、开拓创新的品格，并于1994年12月8日召开第十二届二次执委会议，进一步指出"以贯彻实施《劳动法》为契机和突破口，带动工会各项工作，推动自身改革和建设，努力把工会工作提高到一个新水平，在改革、发展、稳定中更好地发挥作用"作为工会工作的新思路[①]。

1995年，全国总工会第十二届三次执委会议总结了改革开放以来的工作思路，对当前形势做出具体分析，提出"六个必须"的要求，对多个方面的工会工作加强自身建设，将工人阶级和工会组织紧密地联系在一起。同时，强调各级工会要积极贯彻落实《劳动法》，切实加强自身建设，保护法律规定的劳动双方的权利与义务，为工会在深化改革和发展社会主义市场经济中进一步做好特色工作、更好地发挥作用指明了方向。两次会议都是在改革开放深入阶段和社会主义市场化加速发展的背景下召开的，国有企业的改革转型成为工会工作的重要部分，基于《劳动法》的工会工作方针推动了现代企业制度在国有企业中的建立。

全国总工会加强对基层工会思想建设的指导。1996年6月，全国总工

---

① 张俊九. 旗帜鲜明地维护职工群众的合法权益 [J]. 党建研究，2000（5）：6-9.

会、中共中央党校、《求是》杂志社在两次执委会会议精神的基础上联合举办"全心全意依靠工人阶级的理论与实践"研讨会，会上全国总工会以及党中央领导均发表了重要讲话。该会议重点讨论了当前工运事业和工会工作中遇到的困难和难点，加强工会的思想建设，将"全心全意依靠工人阶级"的思想落实到工会工作实际中，在一定程度上推动了"依靠职工办好企业"工作的开展。此后，全国总工会就会议精神与各地工会和地方政府开展经验交流会，工会组织基层思想建设进一步加强，有利于全国工会工作的顺利开展。1998年5月19日至23日，全国总工会召开新经济组织工会领导体制研讨会并形成《关于建立新经济组织工会领导体制的调查和思考》的调查报告。会议总结交流了各地各级的领导机制构建以及工会工作经验，对工会的组织建设、工作方式等十大工作方面内容提出了改革性建议，是未来工会工作发展的方向，对工会组织建设具有重要意义，为中国工会第十三次全国代表大会的召开奠定思想组织基础。

修改中国工会章程，以适应新形势的要求。1998年10月，中国工会第十三次全国代表大会召开。会议对新形势下的工人阶级寄予厚望，指出工人阶级应当持续发扬艰苦奋斗的传统与精神，继续为社会主义市场化建设奋斗。为了达到这项目标，工会应该积极推动职工教育事业的发展，努力提高工人阶级各方面素养。大会还有一项重大成果，即通过了《中国工会章程（修正案）》。此次工会章程的修改是工会基于自身所处的新形势和工会组织的新发展做出的决定。除此之外，此次会议还阐述了工会工作坚持运用邓小平理论来指导自身工作的重要性和必要性，强调工会工作必须深刻把握邓小平理论和中共十五大指导精神的实质并将其运用到实际的工作体系中，不断加强工会的群众化、民主化、法制化建设，是工会组织推动思想建设和自我改革的重要会议。

将党的指导思想贯彻落实到工会工作中。1999年全国总工会十三届二次执委会议提出"五突破一加强"的工作方针。2002年全国总工会十三届四次执委会议进一步提出"两手抓"的工作方针，具体内容是：一手抓调整劳动关系机制的建设，一手抓为职工群众办实事工作策略。"五突破一加强"和"两手抓"两大方针的提出，都是工会组织贯彻落实"三个代表"重要思想并将其运用到实际工会工作中的结果。工会组织坚持中国共产党的领导，不断加强自身思想建设，思想建设成果融入工会工作，贯彻落实党的指导思想，融入自身创新元素，不断加强工会组织革新，提高工会工作的效率和整体水平。

第五节　劳动关系主体之间的互动

首先，中国共产党持续推进四个现代化建设，推动劳动领域法制化的初步建立，不断发挥顶层设计作用，坚定地带领工人阶级走中国特色社会主义道路。全国总工会在中国共产党的领导下，不断加强自身建设，在工会建设等多个方面取得重要突破，为四个现代化建设以及社会主义经济体制建设奠定组织基础。党和全国总工会积极带领工人阶级进行劳动体制改革，为社会主义市场经济体制建设奠定生产力基础。在党、全国总工会以及全国劳动人民的共同努力下，社会主义市场经济体制在我国不断发展，党和人民以及工会的联系更加紧密。其次，全国总工会不断推进企业民主化管理，"人民当家做主"的思想深入人心。在推进经济制度以及劳动体制改革的同时，企业民主化管理也在同步推进。全国总工会引导企业进行企业民主化管理改革，工人阶级在企业管理事务中的地位逐渐提升，与企业形成了良好的互利共赢关系，共同促进中国经济的发展。与此同时，工人阶级也在工会事务中发挥自身作用，促进工会事业的不断发展。最后，法制化不断发展，劳动关系主体的合法权益得到保障，劳资关系和谐发展。在改革不断深入的过程中，中国共产党切实推进劳动阶级权益保护，促进劳动制度法制化的不断发展，工人阶级的权益保障有了切实有效的法律途径。在这个过程中，中国共产党不断加强对工会的领导，对工会工作的群众性提出更高要求，在工会的引导与促进下，工人阶级与企业之间的劳资关系和谐发展。新型劳动体制建立阶段的劳动关系主体实践总结如图5.1所示。

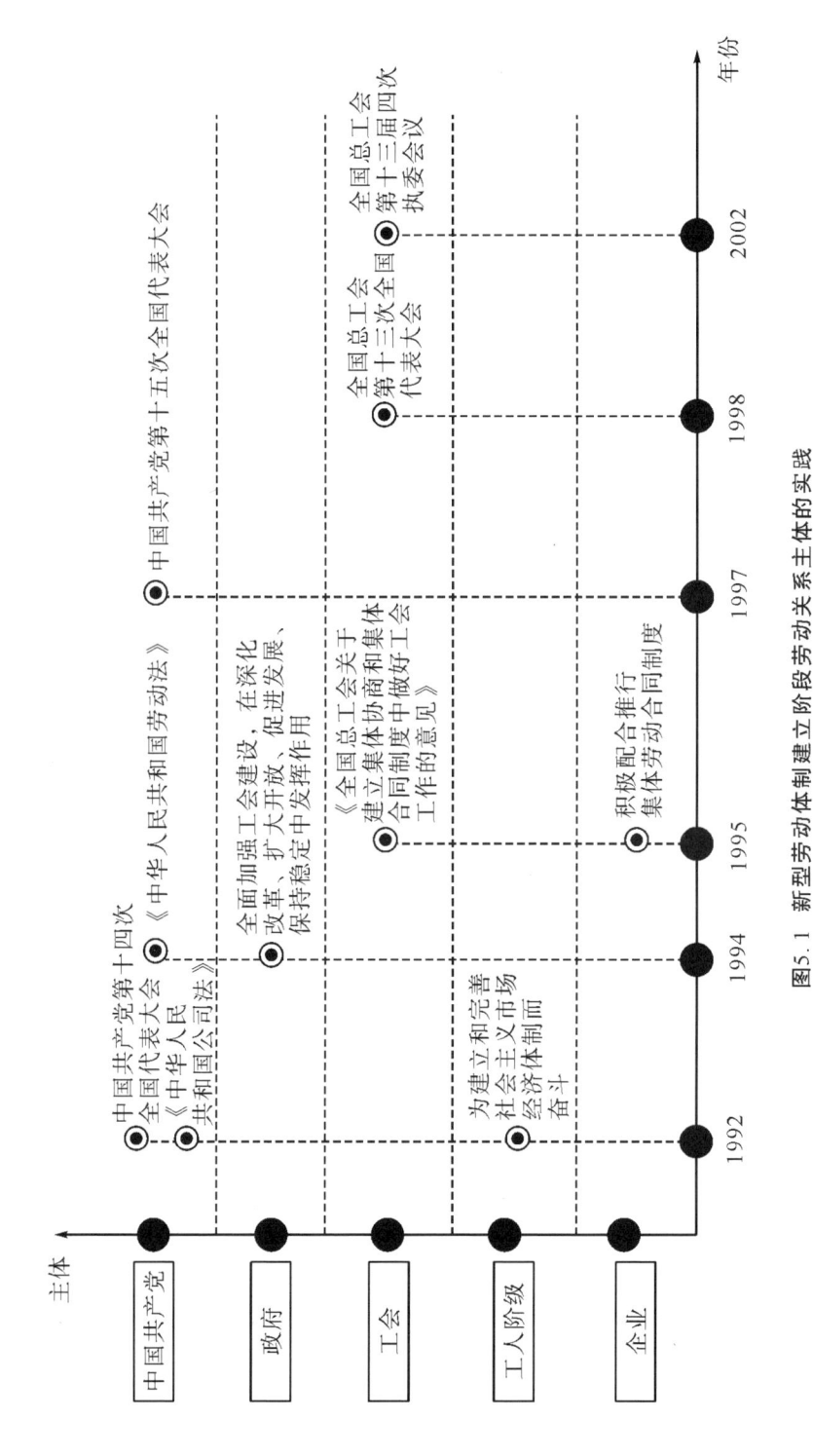

图5.1 新型劳动体制建立阶段劳动关系主体的实践

资料来源：笔者根据相关文献和资料整理而得。

第五章 新型劳动体制建立阶段的实践探索 | 61

第六章 新型劳动体制建立阶段的理论研究

随着社会主义市场经济体制改革目标的确立，劳动体制改革也逐步深化。在经济体制转型的复杂背景下，原有的集体合同和集体协商制度不足以解决复杂的劳动关系，需要建立全新的三方协调机制进行劳动关系的治理；经济体制改革为国有企业带来了新的发展可能，也带来了管理上的问题，同时经济体制的转型造成很大一部分职工下岗，国有企业的劳动关系管理以及下岗职工的劳动权益保障成为此阶段的重要话题；此阶段的劳动争议和冲突也逐渐增多，劳动法的出台成为必需，但劳动法仍然存在一些制定和实施上的问题。这些问题促使学者对该阶段的劳动关系进行深入的思考和研究。我们运用 VOS viewer 对此阶段的中英文文献进行可视化分析，得到了以下结果：

我们从 1992—2001 年劳动关系相关文献中（中文文献 1 337 篇、英文文献 62 篇）甄选出现 20 次以上的关键词，由图 6.1 标签视图可以发现，此阶段劳动关系研究共有 3 个群组，其中最大的群组包含了 8 个关键词条目，以"《劳动法》"为核心，与"劳动合同""劳动争议""新型劳动关系""劳动监察""劳动法规"等关键词相关联。第 2 个群组主要涉及"劳动关系""国有企业改革""市场经济""职工民主管理"等 6 个关键词。第 3 个群组涉及"集体合同""集体协商""集体谈判""劳动权益保障" 4 个关键词。根据图 6.2 密度视图可知，"《劳动法》""劳动合同""国有企业改革""市场经济""集体合同"的密度较大、热度较高。由此可知，劳动体制改革对劳动关系协调机制产生了深远影响，国家通过颁布《劳动法》，推动集体协商、集体谈判协调劳动关系。社会主义市场经济背景下国有企业改革带来的劳动关系管理问题和下岗工人的劳动权益保障问题也是这一阶段的研究重点。

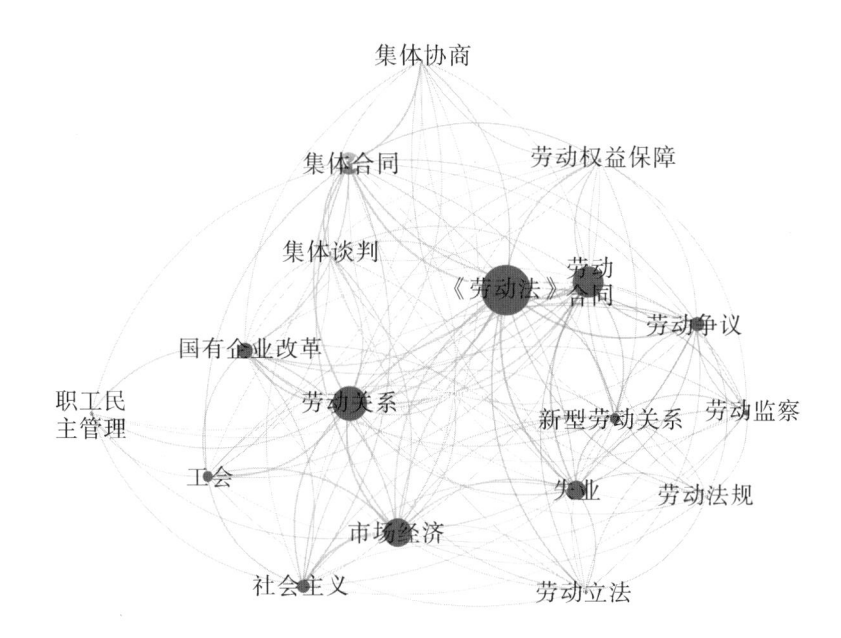

图 6.1 1992—2001 年劳动关系关键词聚类标签视图

图 6.2 1992—2001 年劳动关系关键词聚类密度视图

第六章 新型劳动体制建立阶段的理论研究

第一节 劳动体制改革对劳动关系协调机制的影响

随着劳动体制改革的日益深化，劳动关系协调机制更为多元化。在这个时期，劳动体制改革经历了集体合同制度与政府、工会和企业三方协调机制两个阶段。中国劳动关系治理从过去依靠行政手段调节的劳动关系，向以劳动关系自主调节为主、政府依法宏观调控为辅的新型劳动关系调整体系转变[1]。

在对劳动关系协调机制予以创新之前，集体合同制在我国劳动关系协调机制中发挥了重要作用。集体合同是一种特殊的双务合同和要式合同，具有主体的特定性和内容的广泛性，有着时间效力、空间效力和对人的效力[2]，能够对劳动关系进行协调，稳定企业基本盘，并有效助推经济发展[3]。集体合同的签订需要遵守一定原则，包括合法原则，强调合法合规，同时要遵守社会公德；平等原则，强调双方权利平等，不存在隶属关系；协商一致的原则，强调有效沟通达成一致；权利与义务统一原则，强调双方享有权利并要承担相应义务；利益兼顾原则，强调将企业发展与生活福利相结合[4]。集体合同与劳动合同同属劳动法调整的两大合同，但两者有明显区别，即当事人不同。集体合同是工会代表职工签订的，而劳动合同是工会指导职工签订的；内容涉及范围不同，集体合同所覆盖的范围较劳动合同更广；作用不同，劳动合同只限于劳动者个人，而集体合同作用于企业和劳动者；效力不同，集体合同具有劳动关系准则的效力，劳动合同则在与集体合同内容协调的基础上发挥其效力[5]。集体合同制的核心在于集体协商。在我国，政府在集体协商中发挥了一定程度的推动作用，以此加快集体协商制度规范化进程[6]。这一阶段也是劳动关系三方协调机制创

---

[1] 朱家甄. 建立有中国特色的集体协商和集体合同制度 [J]. 劳动内参, 1996 (4): 2-3, 32.
[2] 罗燕. 集体合同的法律规定及实践特征 [J]. 华南师范大学学报（社会科学版）, 1997, 4 (1): 121-125.
[3] 丁胜如. 集体合同散论 [J]. 学术界, 1997, 4 (6): 67-70.
[4] 王娅丽, 方文德. 工会应加大签订集体合同指导工作的力度 [J]. 工会理论与实践, 1996, 4 (3): 63-64.
[5] 王天安. 关于集体合同及其相关问题的探讨 [J]. 兰州学刊, 1996 (1): 47-50.
[6] 孙慧敏. 我国工资集体协商的社会条件及政府的适度介入 [J]. 天津师范大学学报（社会科学版）, 2001 (6): 24-27.

新的萌芽阶段。

然而，随着改革开放的不断深入，我国劳动关系的复杂性逐渐凸显。随着雇主与工人间的利益关系日渐复杂，企业劳动争议不断增多，一些改制过程中的企业存在忽视国家资产和企业利益的行为和问题①。而与此同时，经过几百年的探索和实践，国际上已经形成一种有效协调劳动关系三方的机制，它极大地助推了经济社会的发展，这对于我国劳动关系协调机制的创新具有借鉴意义。

建立这种新机制的前提条件是三方协商格局的形成：政府方面要彻底破除政府独家包办劳动关系事务的思维定式；经营者要审时度势，维护其合法权益；工会组织要改变行政从属地位，注重加强自身建设。劳动关系协调机制的创新不仅是劳动关系实践探索的主要内容，同时也是劳动体制改革的重要内容。在市场经济体制建设初期，我国推行集体协商和集体合同制度是顺应市场经济发展的必然趋势②。协调劳动关系三方机制建设对于改革开放深入时期的劳动关系探索是一项新的任务，需要汲取他国经验，不断学习和实践，并结合我国特色推进机制的完善。当市场经济发展到一定阶段时，劳动关系三方协调机制应运而生，但三方协调机制被引进我国还不久，在建立过程中难免会遇到一些阻碍和困难，加之政府统揽计划经济体制全局的固有思想仍未彻底改变，在三方协调机制运行之初仍需要一段适应期③。新世纪的来临伴随着越来越多的劳动关系纠纷问题，为完善劳动关系的协调机制，需要科技创新奠定基础，与人力资源管理新体系相配合，与经济全球化时代接轨，提高社会管理创新能力。

第二节 国有企业劳动关系管理策略研究

企业作为独立的市场经济主体，在劳动关系管理方面具有一定的自主权，但在现实中企业劳动关系管理存在一些问题。学者们重点探讨了国有

---

① 陈锦华. 完善组织体系，搞好协调劳动关系三方机制建设：在2002年全国企联系统会长、秘书长工作会议上的讲话 [J]. 企业管理，2002 (9)：16-19.
② 刘新州. 析我国的集体协商和集体合同制度 [J]. 江西社会科学，1998 (10)：9-10.
③ 陈沙. 关于建立劳动关系三方面协调机制的几个问题 [J]. 当代世界与社会主义，2001 (4)：37-40.

企业改革过程中存在的劳动合同制度不健全[1]、劳动者合法权益受到侵害、社会保障功能弱化[2]等问题。对此，学者们从用工管理、主体地位和劳动待遇三方面提出企业劳动关系管理策略。

第一，在用工管理方面，市场经济体制下建立现代企业制度的重要工作是实行职工民主管理，以及积极探索建立企业劳动关系协调会议制度和集体劳动合同制度[3]。但由于该时期民众缺少合同法制意识，无论在企业领导层还是职工中，都存在一种劳动合同"无用论"的错误观念[4]。此外，还存在滥用用工自主权，市场中介不规范，民办职业介绍所管理混乱，工资分配弄虚作假，内部分配不够公平，劳动关系混乱，劳动合同制度不健全等现象，导致职工合法权益受到侵害[5]。

为解决这类用工管理问题，维持企业和谐劳动关系，保护企业与职工的合法权益，学者们对此进行了广泛的探讨。有学者研究了在签订劳动合同制度中职工思想认识上的盲目性、社会效应上的两重性、心理定式的可塑性，并提出要从认识上解开职工思想中疑点的看法[6]。另有学者进而提出在这场劳动合同制的改革中，应当树立四大观念，即树立依法办事的观念，强调不能只凭自己的意愿办事，不能用感情代替政策；树立企业要关心职工工资福利，但不包揽社会职能的观念，强调企业应当尽可能关心职工工资福利并留住技术人才，发展生产从而提高生产率，但不应包揽社会职能，也不可能一切都由企业包揽下来；树立工资是劳动报酬、劳动所得的观念，强调企业职工在为自身谋取最大薪酬的同时，要为企业获取利润，必须向国家缴纳赋税；树立自主择业、奋发进取的观念，强调劳动者应当自主择业，选择适合的、理想的工作岗位，凭借自己的知识、水平、能力去竞争[7]。

第二，在主体地位方面，在国有企业劳动关系中，职工主人翁地位有

---

[1] 王文远. 当前影响国有企业劳动关系的主要问题及调整对策 [J]. 山东劳动, 1995 (12): 6-7.

[2] 王长城. 国有企业下岗职工劳动关系及其处理 [J]. 中南财经大学学报, 2000 (1): 55-61, 126.

[3] 杜瑞银. 应坚持职工民主管理 [J]. 理论与现代化, 1995 (6): 43.

[4] 汪史力. 国有企业实行劳动合同制难点析 [J]. 劳动理论与实践, 1996 (9): 6-7.

[5] 王春平. 对加强劳动用工管理工作的思考 [J]. 山东劳动, 1995 (6): 11.

[6] 蔡德全, 刘同同. 全员劳动合同制实施中职工心态变化及其调试办法 [J]. 改革与开放, 1995 (11): 23-25.

[7] 黎永智. 实行劳动合同制应树立的观念 [J]. 劳动理论与实践, 1996 (3): 26-27.

所下降，民主权利得不到有效保障，企业自主权日益扩大，经营者的中心地位和权威性更加突出，而相比之下职工明显处于弱者地位[①]。为此，学者提出了一些对策以期解决这些问题。首先，劳动者必须直接参与利益分配，以建立个人、企业和国家之间的利益机制[②]，在坚持职工是国家的主人的同时，保证职工也是企业的主人。明确劳动力市场是劳动者和企业实现自我的场所，有劳动者、企业两个主体[③]，巩固和加强职工主人翁地位，调动职工的积极性。其次，以利益关系调整劳动关系是重要手段。企业成为用工主体，并不等于企业厂长（经理）是用工主体；企业引入竞争机制，并不等于对富余人员可以任意降低待遇[④]。最后，周建永从企业内外两个视角探讨企业主体的维护：企业外部劳动关系视角强调企业需要做好与外部资源、人员沟通和交流的工作，以达到最大效度的信息交互；企业内部劳动关系视角强调企业需要考虑人、财、物的最佳配置，合理推进先进产品的研发，合理规划人才岗位，合理设置劳动者的工作内容[⑤]。

第三，在劳动待遇方面，国有企业在基本待遇上存在社会保障功能弱化、劳动者合法权益受到侵害等问题[⑥]，而在福利待遇上则主要存在缺少长期激励制度的问题。而在私营企业中，社会保障水平不高、社会保障制度没有落实等问题长期存在[⑦]，这些问题归结于企业与职工在利益关系上具有复杂性[⑧]。具体而言，存在职工工资拖欠严重、保险福利待遇落实缓慢的问题[⑨]。学者们对这些问题也提出了相应的对策：首先，在劳动力市场运行层面，要确立劳动力供求双方市场主体地位，实现人力资源市场化

---

① 王文远. 当前影响国有企业劳动关系的主要问题及调整对策［J］. 山东劳动，1995（12）：6-7.

② 亓名杰. 国有企业活力的利益机制研究：兼论劳动者直接参与利润分配［J］. 浙江经专学报，1996（2）：3-12.

③ 童里. 国有企业改革中职工的主人翁地位［J］. 社会科学，1997（12）：15-17.

④ 王庆利. 当前劳动关系变化应注意的几个问题［J］. 工会理论与实践，1994（4）：70.

⑤ 周建永. 国有企业中劳动关系的正确处理［J］. 石油仪器，1995，9（4）：244-248.

⑥ 王长城. 国有企业下岗职工劳动关系及其处理［J］. 中南财经大学学报，2000（1）：55-61，126.

⑦ 张华初. 对私营企业劳动关系的理论思考［J］. 华南师范大学学报（社会科学版），2002（6）：28-33.

⑧ 郑东亮，王文珍. 国有企业劳动关系及其调整问题研究［J］. 经济研究参考，1996，4（D7）：2-21.

⑨ 秦砖，李子星，王恒祜. 应高度重视国有企业职工的就业、分配、保障问题：当前我市国有企业劳动关系状况的调查［J］. 当代工会，1996（2）：4-10.

配置，提高社会服务质量，打造良好的劳动力市场环境[1]。其次，在分配公平层面，要施行分配民主制度，要求企业内每个职工都是独立分配的主体[2]，劳动者、经营者、股东间有获得各种收入的机会均等的权利，他们既是企业的主人，又是劳动者[3]。最后，在社会保障层面，要完善社会保障体系，为国有企业改革营造宽松的环境，主要是完善社保金的征集、管理、使用和监督，此外还需要宣传社会保障事业的重要意义，让企业和职工明确缴纳社会保险金是企业和职工应尽的义务，从而增强其自觉性[4]。

第三节　下岗职工劳动权益保障研究

一个企业的巩固和发展，除了有企业党政领导的正确决策、适应企业发展的环境外，还要有一个先决条件，就是要有融洽的劳动关系，这就需要通过维护职工的合法权益来实现[5]。市场经济过渡的标志性社会现象之一是职工下岗，这些职工具有特殊利益[6]，要想解决下岗职工的劳动权益保障纠纷，我们首先要清楚职工和工会及企业的关系，以及职工具有的基本合法权利。因此，针对下岗职工的劳动权益保障研究，学者们主要从职工下岗及再就业和下岗职工劳动权益保障两个方面进行了研究。

下岗是企业根据经营需求而进行的生产（人力）结构调整，具体表现为与职工维持原有劳动关系，但让部分职工暂时离开原岗位。职工虽然下岗了，但是与企业的劳动关系仍然存在[7]。它与失业不同。失业是企业依法辞退职工，或企业与职工解除或终止劳动合同的策略，从而终止了劳动

---

[1] 张金麟. 非公有制企业中的劳动者权益保护问题 [J]. 云南民族学院学报（哲学社会科学版），2002, 19 (3): 89-91.
[2] 刘锡军. 关于国有企业改革中职工主人翁地位的思考 [J]. 理论前沿，1996 (18): 18-20.
[3] 张国祥. 关于在国有企业改革中正确处理职工与企业关系的思考 [J]. 工会理论与实践，1996 (3): 7-10.
[4] 孙勇. 浅谈国有企业减员增效与再就业问题和对策 [J]. 江西社会科学，1999 (1): 54-57.
[5] 杨忠元. 依法建立劳动关系　维护职工合法权益 [J]. 工会理论与实践，1996 (4): 25-26.
[6] 安尔康. 下岗职工：需要特别关注的利益群体 [J]. 工会理论研究（上海工会管理干部学院学报），1997 (3): 24-26.
[7] 王文娟. 试论贯彻实施《劳动法》中需要注意的几个问题 [J]. 中国劳动科学，1997 (3): 22-24.

关系①。在改革开放的深入时期，随着市场经济体制的改革，企业不断升级转型，面临着结构性调整，直接受到最大冲击的就是职工，他们只有一种选择，那就是下岗②。而工人阶级是历史上最进步、最具有前途的阶级③，他们具有稳定性、凝聚性、团结性的民族心理素质④，他们的权益保障由此成为棘手的问题。

中国工人通过由工会和职工代表大会组成的统一系统来保护自己的健康和安全。经过几十年的历史发展，这一系统似乎仍然是中国工人应对职业健康和安全保障挑战的潜在手段。在计划经济体制下，职工只有到了法定退休年龄才离开岗位，只要不违反法律和在岗纪律，就没有下岗的风险；但在市场经济体制下，有许多因素会导致职工下岗，包括企业内部的竞争和淘汰机制以及职工自我追求⑤。下岗工人面临的是再就业难的问题。从内部因素来看，下岗职工的文化与技能整体水平较低。职工的技能素质是影响职工的就业适应性、稳定性和竞争力的重要因素，加上就业观念保守落后和竞争就业的心理承受能力较弱，他们再就业很困难。从外部因素来看，中国经济体制改革的快速推进对社会稳定产生了明显的消极影响，完善失业保障制度是政府当前面临的紧迫课题⑥。这些内外部因素导致下岗职工再就业非常困难，劳动者权益保障难度进一步加大。

下岗工人合法权益的保障需要建立在对劳动就业大局的认识上。首先，我国当前劳动力数量存在严重的供大于求的局面，劳动力市场存在很大的竞争；其次，在企业内部还缺乏劳资抗衡的机制，使得企业工会没有发挥应有的作用；最后，劳动主体的法律意识也不够强⑦。而且劳动者和经营者的观念传统、陈旧、保守，劳动者只关心干活挣钱，不参与企业经营决策，维权意识薄弱；经营者重事不重人，把对人力的投资看成一种成本并想方设法加以控制，力图通过自身所具有的各项权利来最大限度地降

---

① 杜刚. 下岗职工的权利与待遇 [J]. 中国劳动科学, 1997 (12): 50.
② 邬农. 昆明市下岗工人的再就业问题 [J]. 云南社会科学, 2000 (6): 60-66.
③ 杨海泉. 论劳动合同制与主人翁地位的关系 [J]. 云南电业, 1996 (10): 53-54.
④ 黄仁规. 企业职工民族心理素质与劳动权益保护 [J]. 广西民族研究, 1996 (4): 36-39.
⑤ 安尔康. 下岗职工：需要特别关注的利益群体 [J]. 工会理论研究（上海工会管理干部学院学报），1997 (3): 24-26.
⑥ 国务院发展研究中心社会保障制度改革研究课题组. 中国城镇失业保障制度改革的回顾与前瞻 [J]. 管理世界, 2001 (1): 77-86.
⑦ 赵颖惠. 当前我国企业劳动者权益保护的问题研究 [J]. 人口与经济, 2001 (S1): 115-116.

低劳动力使用成本[1]。

为保障下岗工人合法权益,学者们提出了一些对策。如在思想上,树立现代人力资源管理观念,高度重视人力资源及其开发管理,坚持工人阶级作为国家领导阶级的地位及主人翁地位[2]。在制度上,建立现代企业制度,健全企业用工培训制度,理顺企业劳动关系的运作体制,经营者与劳动者互相协商、集体谈判的机制[3]。在实践上,抓好落实,兑现职工的经济补偿,建议政府根据具体情况设计出适应不同人群、能在不同企业推行的多种经济补偿方式和有一定浮动空间的补偿标准,供企业根据实际情况进行选择。提高失业保险和最低生活保障金。同时,发展社区服务,鼓励生产自救[4]。

第四节 《劳动法》的实施与现存问题

改革开放初期,我国的劳动法制建设远落后于改革的进展,而且我国正处于经济体制转轨过程中,新旧体制交错,多种所有制企业共同进入市场[5],日益增多的劳动争议和冲突与中国市场经济的进一步发展使劳动法的出台成为必需。于是,1994年《中华人民共和国劳动法》(以下简称《劳动法》)应运而生。劳动法是调整劳动关系的法律,是随着资本主义生产关系的产生和发展而出现的[6]。《劳动法》的出台在一定程度上保障了劳动者的劳动权益,但在细节和实施上仍存在不足。在"铁饭碗"的就业体系转向基于市场力量的新体系的过程中,中国仍在通过不断的改革,尝试建立符合中国国情的新型劳动体制。

关于劳动法的基本原则研究,有学者提出其基本原则是指导劳动法制

---

[1] 林培顺. 劳动关系中职工权益的困扰与维护 [J]. 安装, 1996 (1): 43.
[2] 唐国才. 必须重视保障劳动者权益 [J]. 党政论坛, 1996 (5): 38-40.
[3] 张金麟. 非公有制企业中的劳动者权益保护问题 [J]. 云南民族学院学报(哲学社会科学版), 2002, 19 (3): 89-91.
[4] 申晓梅. 下岗与失业并轨面临的挑战 [J]. 经济学家, 2001 (4): 124-125.
[5] 张春生, 刘玫. 关于劳动法立法过程中的几个问题 [J]. 人大工作通讯, 1994 (21): 11-15.
[6] 林嘉. 论社会保障法的社会法本质:兼论劳动法与社会保障法的关系 [J]. 法学家, 2002 (1): 116-121.

化全过程的总的指导思想和根本方针①，它的确立不仅是劳动法理论研究的重要任务，更是我国劳动立法和执法的基石。也有学者将劳动法的基本原则归纳为三项基本原则：首先是保障劳动权的原则，作为劳动法基本原则中首要的基本原则，它强调了公民生存权利的基础保障；然后是保护劳动者合法权益的原则，强调劳动者合法权益的保障，体现了劳动法出台的根本目的；最后是三方协调劳动关系原则，强调建立有中国特色的三方协调原则，形成三方主体的协调关系②。这三项原则以宪法为依据，贯穿了整个劳动立法和执法过程，统率劳动法制度和规范。关于维护劳动者合法权益，《劳动法》规定签订劳动合同是用人单位与劳动者建立与确认劳动关系的必备程序③。认真贯彻《劳动法》，对于促进社会主义市场经济体制的建立，保护劳动者的合法权益，促进改革、发展、稳定具有十分重要的意义④。

然而，在新型劳动体制建立的过程中，劳动法存在的一些问题亟待解决，如《劳动法》的贯彻落实不足。在有些地方，《劳动法》的贯彻实施有困难，机构不健全，监督检查、执法不力等⑤。劳动者权益保障虽取得了一定进展，但仍落后于成熟市场经济国家。不仅没有出台与劳动相关的法律如"劳动关系法""集体合同法""劳动安全卫生法"等，而且已经颁布的法律也过于笼统，缺乏操作性⑥。《劳动法》的具体问题体现在以下方面：

第一，劳动法律体系尚不健全，部分法规规章不够全面具体，难点问题不够明确⑦。存在较多原则性的规定，针对具体存在的问题并不能很好地处理，且由于我国幅员广大，情况复杂，各个地区单位的具体情况千差

---

① 冯彦君.论劳动法的基本原则 [J].法制与社会发展，2000（1）：25-29.
② 金英杰.劳动法基本原则新探 [J].政法论坛，1998（2）：35-39，78.
③ 王筱泉.劳动合同制运行中应解决的问题 [J].劳动理论与实践，1995（10）：15-16.
④ 刘雅芝.认真贯彻实施《劳动法》依法维护外派劳务人员的合法权益 [J].劳动内参，1996（1）：28-31.
⑤ 关怀.提高认识，加强劳动监察和执法力度 [N].工人日报，1999-07-09.
⑥ 赵颖惠.当前我国企业劳动者权益保护的问题研究 [J].人口与经济，2001（S1）：115-116.
⑦ 程汪红.《劳动法》实施缘何难？[J].企业文明，1997（5）：33-34.

万别①，实际操作起来会比较困难②。第二，劳动行政执法具体依据不足③。我国社会主义市场经济体制还处在初建阶段，其运行体制也还处在初建阶段，其运行机制尚不健全和完善，且立法经验不足，《劳动法》的某些内容规定会为实践带来阻挠④。第三，缺乏适应性。有些条款是在计划经济条件下制定的，与当前的市场经济条件相比有较大出入，因此这部分条款实际上不能满足当前需要。第四，部分配套规章缺乏连续性。由于其在制定时经验不足而多次改动，因此仍然含糊不清，以至于在执行中出现混乱。错误的理解必然导致错误地适用法律。法律的稳定性决定了立法需要在一定时间内和一定情况下面对发展的社会现实⑤。尽管《劳动法》已于1995年正式施行，但是其具体实施与监督检查、其本身的修正和完善、配套法规的支持，尚有大量的工作要做，这一切决定了规范有序的现代市场经济劳动关系在中国的形成尚需时日⑥。我国现行劳动法律体系存在着形式上和内容上的缺陷。因此，应在探析其价值内核的基础上，建立和完善新型的劳动法律体系⑦。

不少学者针对《劳动法》的实施提出了一些建议。首先，完善劳动法律体系，让劳动关系能够真正依靠法律来调整⑧。重视对劳动法律的研究，进一步完善劳动立法，使劳动法律制度形成完整体系，以适应不断变化、发展的形势⑨。其次，落实工会独立自主的法律地位，实现职工合法权益保障格局，充分发挥劳动法维护劳动者合法权益的职能⑩。加大劳动执法建设，保障《劳动法》的贯彻实施。再次，加大劳动法执法力度，严格执法，加强劳动执法力量和增强执法部门的执法手段。加强劳动争议调解工作，参与处理劳动争议，劳动争议仲裁人员要加强业务培训⑪。最后，加

---

① 王长文."劳动法"没有超前性[J].兵团工运，1997（4）：19.
② 杨泰山.当前贯彻《劳动法》存在的问题及对策[J].管理教育学刊，1997（1）：38-42.
③ 王文娟.试论贯彻实施《劳动法》中需要注意的几个问题[J].中国劳动科学，1997（3）：22-24.
④ 张再平.《劳动法》及其实施[J].法学杂志，1997，4（1）：8-10.
⑤ 王文娟.试论贯彻实施《劳动法》中需要注意的几个问题[J].中国劳动科学，1997（3）：22-24.
⑥ 郭捷，王晓东.劳动关系及其法律调整的历史演进[J].人文杂志，1998（5）：49-54.
⑦ 赖长鸿.完善我国新型劳动法律体系架构研究[J].现代法学，2002，24（5）：154-158.
⑧ 杨泰山.当前贯彻《劳动法》存在的问题及对策[J].管理教育学刊，1997（1）：38-42.
⑨ 赵映林.对我党劳动立法的历史回顾与展望[J].工会理论与实践，1996（6）：51-53.
⑩ 石峰.贯彻实施《劳动法》维护职工合法权益[J].新疆人大，1997（5）：13-17.
⑪ 李育敬.我省实施《劳动法》尚需加大力度[J].人民之声，1996（11）：20-21.

强《劳动法》的宣传教育，增强全民的劳动法制观念，广泛开展形式多样的学习、宣传《劳动法》的活动，同时借助社会各方面的宣传力量，大造舆论，以求形成正确的舆论导向和强大的舆论氛围[①]。本阶段的研究概况如表 6.1 所示。

表 6.1　新型劳动体制建立阶段研究概况

主题	核心观点
劳动体制改革对劳动关系协调机制的影响	·集体合同制度：推行集体协商和集体合同制度是市场经济发展的必然趋势 ·三方协调机制：在建立过程中还存在观念、主体、实施等方面的问题
国有企业劳动关系管理策略研究	·问题：劳动合同制度不健全、劳动者合法权益受到侵害、社会保障功能弱化、长期激励制度缺失 ·策略：积极推行企业劳动关系协调会议制度和集体劳动合同制度；巩固和加强职工主人翁地位；建立全国统一的社会保障制度，企业实行职工持股制度
下岗职工的劳动权益保障研究	·职工下岗的原因：市场经济体制改革，企业结构性调整 ·下岗职工再就业困难的原因：劳动力市场供过于求，工人和经营者观念传统，企业劳资机制存在缺陷 ·下岗职工劳动权益保障的对策：重视人力资源管理与开发，健全企业培训制度，实行经济补偿，加大社会保障力度
劳动法的实施与现存问题	·劳动法的基本原则：保障劳动权、保护劳动者合法权益和三方协调劳动关系 ·存在的问题：贯彻落实不足；劳动权益保障落后于市场经济国家；部分法律条文存在局限性和不合理性 ·完善的对策建议：加大《劳动法》宣传教育力度；保障劳动者合法权益；严格立法执法；健全劳动法律体系

资料来源：笔者根据相关文献和资料整理而得。

---

① 刘艾. 谈谈《劳动法》的贯彻与执行 [J]. 经济与管理，1997 (5)：25-38.

第四篇

劳动关系协调发展阶段：

2002—2011 年

第七章　劳动关系协调发展阶段的实践探索

在世纪交汇之际，国内国际形势风云变幻，国内经济环境越发复杂。劳动者权益保障方式多元化成为发展趋势，党中央强调劳动者素质提升的重要性及发展劳动者权益保护事业的必要性。各级工会不断加强思想政治建设，大力弘扬劳动模范精神，提高劳动阶级地位。以企业工会为桥梁，工人阶级与企业之间协商制度不断完善，劳动法规体系不断完善，保障了劳资双方权益，为和谐劳动关系的构建创造了重要条件。

第一节　大力提高劳动者素质

进入 21 世纪以后，我国社会生活和社会结构深刻改变，工人阶级状况也发生了巨大变化，在队伍进一步壮大、权益意识逐渐增强的同时，一些问题也开始凸显，其中工人阶级结构失调反映出社会对工人阶级素质要求的提高，提高劳动者素质成为提高劳动者地位的重要手段之一。为实现进一步提升劳动者地位的目标，中国共产党积极推动劳动者素质提高，从多角度入手，推动社会文化的大发展大繁荣。在 2003 年 9 月 22 日至 26 日的中国工会第十四次全国代表大会上，时任中共中央政治局委员、全国总工会主席王兆国做了题为《以"三个代表"重要思想为指导，团结动员广大职工在全面建设小康社会中充分发挥工人阶级的主力军作用》的报告。该报告对全国工会的工作目标做出明确规定：努力提高职工队伍整体素质，团结动员广大职工投身社会主义现代化建设的作用更加突出。

2003 年 12 月，全国总工会与中央文明办、国家发展改革委、教育部、科技部、人事部等9个部门开展"创建学习型组织，争做知识型职工"活动，强调各单位以及职工应从自身出发，增强学习能力，提高职业素养，推进工人阶级知识化进程，为经济发展和社会进步服务。此后，全国各地各企业积极配合当地政府以及工会开展工作，利用现场推广、下发指导文件等多种形式推动知识创新以及技术创新在工人阶级中的推广与发展。在多方共同努力下，"创争"活动最终取得显著成效，不仅涌现了一大批创新示范岗、技术创新成果，而且挖掘了一大批知识型、创新型人才，为全面建设小康社会奠定了人才基础。

2005年12月，全国总工会十四届执委会第三次全体会议召开。会议通过了《关于团结动员广大职工为实现"十一五"规划建功立业的决议》，指出工人阶级应该积极推动增长动力转变，这对工人阶级提出了新的任务和更高的要求。此后，全国总工会推出了一系列措施，加大职工教育投入，推动职工教育的发展，使劳动阶级专业技能和理论知识更加适应时代新任务与新要求。

2007年底，由全国总工会书记处牵头，"职工书屋"项目正式启动，并于2008年1月印发《关于开展全国工会"职工书屋"建设的实施意见》，对项目进行具体部署，用具体措施帮助职工提高文化素养，推动社会主义文化大发展大繁荣。此后，2008年10月17日至21日召开的中国工会第十五次全国代表大会坚决贯彻落实党的十七大精神，时任全国总工会主席王兆国做了题为《高举中国特色社会主义伟大旗帜，团结动员亿万职工为夺取全面建设小康社会新胜利而奋斗》的报告，报告提出今后5年的重要任务之一，是"大力实施职工素质建设工程，更加充分地发挥工人阶级主力军作用"。

第二节　工会多渠道保障劳动者权益

全国总工会从多个角度推动劳动权益保障事业的发展，强调劳动者的崇高地位。中国共产党加强对工会的领导，督促工会加强自我建设，再次强调工会"代表工人阶级最根本利益"的性质。在劳动者基本权益得到保障的同时，劳模精神在全社会广泛传播，工人阶级受到极大鼓舞，争相为全面建设小康社会建功立业，在社会营造了热爱劳动、尊重劳动的良好氛围。劳动阶级地位再一次提高，企业民主制度顺利推进，作为企业民主制度重要形式的集体协商制度得到空前发展。同时，工会创新工作思路，以义乌为代表，总结了一些新的维权经验，推动维权观在全国的建立与推广。

首先，保障职工基本权益，积极弘扬劳动模范精神。在 2003 年 9 月 22 日至 26 日召开的中国工会第十四次全国代表大会上，全国总工会指出要大力弘扬劳模精神，促进全社会形成"尊重劳动、尊重知识、尊重人才、尊重创造"的良好氛围，为劳动者权益保障和维权观的发展奠定基础。为贯彻落实中央领导的指示精神，加快实现工会工作目标，中宣部联合全国总工会下发《关于进一步加强新时期工人阶级新闻宣传的意见》，强调了新时期工人阶级新闻宣传的重要性和必要性，并指明了宣传的重点要点，成为今后工会工作推动"体面劳动"的指导性文件。此后，全国总工会授予 1 928 个集体"全国五一劳动奖状"、4 595 名个人"全国五一劳动奖章"。一大批劳动模范涌现，其事迹在社会上大力传播，劳动模范的地位不断提高，劳动者在社会中得到更多尊重，并于此后多次在全国范围进行劳模表彰活动。2004 年初，多部门联合下发《关于开展全国职工安全生产普及教育活动的通知》，要求全国企业根据实际情况开展安全教育普及活动，要求工会围绕保护职工生命安全和身体健康开展工作，保障劳动阶级基本生命安全，解决劳动者的后顾之忧。2009 年 4 月，全国总工会举办"时代领跑者——新中国成立以来最具影响力的劳动模范"评选活动，在全社会引起巨大反响，共收到 1 375 万张选票，劳模精神和工人阶级伟大品格在全社会得到广泛传播。

其次，积极推进集体协商制度。2008 年 4 月 10 日至 11 日，全国工会工资集体协商工作经验交流会召开，全国总工会领导人与各地方工会负责人在会上交流工资集体协商经验。此后根据会议精神与成果，全国总工会于 6 月 5 日下发《关于开展集体协商要约行动的意见》和《关于建立集体协商指导员队伍的意见》，两份意见从不同的角度推动了集体协商制度的发展，前者重点强调集体协商的重要性，是指导性文件；而后者强调集体协商执行过程中指导员队伍的重要性，这对推动工资集体协商的扎实开展具有重要作用。此后一系列举措推动了集体协商制度在我国的新发展。2009年7月9日，全国总工会发布《关于积极开展行业性工资集体协商工作的指导意见》，要求工会和企业按照自身实际，解决集体协商制度执行过程中遇到的突出问题。2010年7月25日至26日，全国总工会十五届四次执委会议召开，会议进一步对工会工作提出要求，指出要依法推动企业工资集体协商制度的建立，推动建立健全企业职工工资协商共决机制、正常增长机制和支付保障机制，不断提高工资集体协商水平，努力实现保障职工合法权益与促进企业健康发展的和谐统一[1]。2011年，工会依法推动企业普遍开展工资集体协商工作进入全面铺开、快速发展、稳步提高的新阶段[2]。2011年1月18日，全国总工会发布《2011—2013年深入推进工资集体协商工作规划》（以下简称《规划》）。《规划》对接下来三年工会有关工资集体协商制度的工作做出了进一步的规划，成立工资集体协商领导小组，并在31日进一步发布《关于推动世界500强在华企业建立工资集体协商制度的意见》和《全国工会集体协商指导员培训实施计划（2011—2013年）》，更加细化地对工资集体协商制度做出规范，标志着我国集体协商制度进入新的阶段。此后，全国各地积极开展相关活动，其中5月份在武汉召开的工作座谈会上，武汉工会相关组织工资集体协商制度工作受到高度赞扬；9月，北京同样召开了在华企业工资集体协商工作座谈会；11月，全国总工会在河南召开区域工会工作经验交流会；12月30日，全国总工会进一步召开产业工会工资集体协商工作汇报会。截至2011年底，经过全国总工会、各地方工会行业工会以及全国各级企业联盟的共同努力，全国工资集体协商制度稳定发展至空前高度。

最后，建立完善工会的维权机制。从职工阶级出发，职工教育的大力发展以及维权观的建立是保障劳动者权益的基本条件。2003年12月，在全国总工会第十四届三次主席团扩大会议上，时任主席的王兆国将2004年

---

[1] 任小平. 集体谈判中工人代表的行为偏好分析与激励机制建构[J]. 中国劳动关系学院学报, 2012, 26 (2): 33-37.

[2] 杨成湘. 论中国集体合同制度变迁历程、逻辑及其趋势[J]. 经济体制改革, 2020 (5): 30-36.

工会工作重点概括为"组织起来，切实维权"，并于次年初组织调研，深入基层，找寻劳动者维权的实际困难，有针对性地制定工作方针。此次历时 8 个月的调研，从情况调查到问题研究到经验总结，不仅统一了思想，也摸清了工会工作面临的新情况，尤其是一批新鲜经验的总结和指代性意见的制定，对推动工会维权工作的实际发展具有重要的理论和实践指导意义。2005 年 9 月，全国工会维权机制建设经验交流会议总结推广了义乌市工会立足社会平台，整合社会资源，建立社会化维权机制的经验。2006 年 12 月 8 日，《坚持中国特色社会主义工会维权观，加强协调劳动关系推动构建和谐社会》发布，指出在劳动者群体中建立维权观对于工会工作的重要性，并详细阐述了当前工会维权工作的方向与目标，推动了工会维权观在中国的发展，实现了维权方略、维权机制和维权方式上的重大飞跃，是中国特色社会主义工会理论的重大发展。2011 年 1 月，全国总工会发布《2011—2013 年推动企业普遍建立工会组织工作规划》，对农民工问题进行了重点分析，指出将农民工纳入工会的重要性以及必要性，同时要求工会重视农民工的维权问题，切实做到以维护农民工切身利益为中心，做好农民工维权相关工作。农民工维权问题被工会工作作为重点纳入是工会维权机制进一步发展的表现，有助于在全社会营造良好的农民工创业、工作环境。

第三节 推动完善劳动法规体系

维权观在职工群体内的树立是工会工作的基石，也是劳动法制化的重要基础。与此同时，为适应飞速发展的中国经济和逐步完善的中国特色社会主义市场经济体系，中国共产党积极推动劳动法律制度的发展与完善，在工会组织的积极参与下，劳动法制体系初步建立并逐渐完善，劳动者和企业的合法权益得到保护，和谐劳资关系得到进一步发展。2005 年 5 月 11 日，全国总工会发布《中华全国总工会关于进一步推进劳动合同制度实施的通知》（以下简称《通知》），明确将劳动合同制度的落实列为工会工作的重点和任务。《通知》从多个角度推进了劳动合同制度的落实，其中包括加大宣传力度，增加劳动阶级相关知识培训，提高私营企业劳动合同签订率，监督劳动合同制度执行情况以及增强多方在建立完善劳动合同管理制度上的合作等多项措施。在 2005 年 9 月举行的全国工会维权机制建设经验交流会上，王兆国进一步提出了社会主义新型劳动关系的内涵，工会要推动制度和机制的建设，建立和谐稳定的社会主义新型劳动关系。2006 年 3 月底，全国总工会联合劳动保障部和中国企业联合会发布关于印发《全面推进劳动合同制度实施三年行动计划的通知》，提出三年内实现各类企业和劳动者之间普遍依法签订劳动合同的目标。随后，为推进三年行动计划，全国总工会、劳动保障部和中国企业联合会联合进驻常设办事机构，切实解决劳动合同制度推行过程中遇到的问题，推动劳动合同制度的切实执行。

全国总工会参与了多项劳动法律法规的制定与修改工作，地方工会推动劳动制度法制化发展的成效也颇为显著，5 年间各地工会参与超过 1 300 个地方劳动关系相关法律法规的制定。全国总工会重点参与了《中华人民共和国劳动合同法》（简称《劳动合同法》）、《中华人民共和国就业促进法》（简称《就业促进法》）、（《中华人民共和国劳动争议调解仲裁法》（简称《劳动争议调解仲裁法》）《中华人民共和国社会保险法》（简称《社会保险法》）《职工带薪年休假条例》等法律法规的制定工作。其中，2006 年 12 月《企业工会工作条例》作为劳资关系三方联合办事机构的重要工作成果之一，确立了"促进企业规范发展、维护职工权益"的企业工会工作原则，切实从法制化层面推动了劳动者权益保障在我国的发展。2007 年 6 月 29 日颁布的《劳动合同法》对《劳动法》里面规定的有关劳动合同条款进行了细化规范，缩小了不同群体劳动者权益保护的差距[①]，是我国劳动法规系统发展的一个具体表现。2009 年，劳动关系三方联合发布《关于应对当前经济形势 稳定劳动关系的指导意见》（以下简称《意见》），指出在新经济形势下，要通过多元手段推进和谐劳动关系的建立。《意见》的出台是贯彻落实党的十七大精神的重要成果，是多方坚定推进劳动关系和谐发展的体现，指明了今后工会的工作方向以及工作任务，是

---

① 程延园，宋皓杰，王甫希，等. 劳动合同法实施后不同职工群体劳动权益保障差异变迁研究［J］. 中国软科学，2016，305（5）：12-20.

全国各级工会积极推动和谐劳资关系建立完善的指导性文件。2011年1月17日，在全国总工会第十五届八次主席团会议上，总工会主席王兆国发表名为《大力发展社会主义和谐劳动关系，推动科学发展、促进社会和谐》的重要讲话。该讲话强调在劳资关系总体稳定的背景下，要看到当前劳资关系的问题，工会应该重视和谐劳动关系，肩负起和谐劳资关系建立的责任。2011年8月，全国构建和谐劳动关系先进表彰暨经验交流会召开，此次会议由多部门联合召开，对和谐劳资关系建立过程中表现突出的组织进行了表彰，同时各部门在会上交流成功经验，以便和谐劳资关系可持续推进。此次多部门协同的经验交流会是建立和谐劳资关系的里程碑之一，不仅标志着我国和谐劳资关系建立已经初见成效，而且推动了我国劳资关系和谐稳定的进一步发展。此时劳动关系领域的多部门协同治理倾向已经初见端倪。2012年12月14日，全国工会劳动法律监督工作推进会召开，会议总结了多地劳动关系法制化的工作经验，表明我国劳动关系领域法制化体系已经逐渐成熟，会议进一步推进全国工会劳动法律监督工作的开展，是贯彻落实劳动关系领域法制化的重要保障。全国总工会不仅踊跃参与相关法律法规的制定，而且积极发挥监督作用，配合有关部门协调推出配套措施，切实保护工人阶级的合法权益。截至2012年底，我国已经建立起较为完善的劳动法制化体系，和谐劳资关系初步得到法律保障。

第四节 企业积极配合推动民主管理

2001年，中国加入世界贸易组织（WTO），更多先进的管理理念以及思想涌入中国市场，劳资关系面临空前危机。在这样的情况下，党和政府积极推进劳动者权益保障以及相应法律法规的完善。与此同时，企业也积极地配合地方工会以及政府机关建立更加健全的劳动者保护机制以及条例，以此提升企业形象。

各地企业积极配合建立企业工会。2006年12月《企业工会工作条例》颁布之后，各地企业积极配合当地政府以及工会建立企业工会，组织宣传企业工会工作机制，动员工人积极参与企业工会，为企业员工保护等相关条例的完善献计献策，促进企业民主管理的进一步发展。在企业工会以及政府的推动下，企业与职工积极建立合法有效的工资集体协商制度。截至2008年底，全国基层工会组织达172.5万个，工会会员2.12亿人，较2005年分别提高了46.9%和41.3%。农民工加入工会组织的有6 674.6万人。2008—2009年，在中国的世界500强企业建会率进一步由43%提高至81%[①]，部分地区500强大型企业建会率达到100%。在2010年7月召开的中华全国总工会十五届四次执委会议上，"两个普遍"的提出进一步明确目标，即至2013年底，全国法人企业建会率超过90%，其中建立工资集体协商制度的企业要超过80%。企业积极配合，即使有些企业未能建立系统的工会组织，但也形成了有效的员工参与机制以及维权机制，使得企业全员管理得以实现，对于推动构建和谐劳动关系，促进企业民主管理的进一步发展有着重要的作用。

各企业积极推动职工代表大会制度的建立。职工代表大会制度是实现企业民主管理的基本形式。在这个阶段，职工代表大会制度的建立再创新高。截至2011年9月底，已经建立工会的企业建立职工代表大会制度的有278.1万个，实行厂务公开的有263.2万个，比上年增加23.6%[②]。同时企业积极配合建立健全职工董事、职工监事等制度，贯彻落实"职工参与管理与企业建设"，进一步推动劳资关系协调发展。

第五节 劳动关系主体之间的互动

首先，中国共产党不断加强对工人阶级的领导，积极推动劳动权益保护事业的发展，工人阶级和中国共产党的联系更加紧密，构建和谐劳动关系的新思路出现，并逐步进入法制阶段，劳动关系主体各方的权益在法律层面得到保障。中国共产党强调劳动者地位，采取多元化手段保障劳动者

---

① 黄镇东. 全国人民代表大会常务委员会执法检查组关于检查《中华人民共和国工会法》实施情况的报告：2009年10月30日在第十一届全国人民代表大会常务委员会第十一次会议上的讲话[J]. 中华人民共和国全国人民代表大会常务委员会公报，2009（7）：7.
② 全国总工会. 2011年工会组织和工会工作发展状况统计公报[J]. 中国工运，2012（7）：53-57.

权益，带领全国总工会一起积极推进劳动者素质提升，不仅保障了劳动者基本权益，而且从提升劳动者地位、弘扬劳动模范精神等多个角度推进劳动权益保护事业的发展。工会创新工作思路，推动集体协商制度发展，促进工人阶级树立维权思维。工人阶级在工会的带领下，不断加强自我意识，树立正确有效的维权观，为劳动维权事业的发展奠定思想基础，也加深了工人阶级与工会的紧密联系。其次，全国总工会积极推动自身建设，加强同工人阶级的联系，推动企业工会的建立，工人阶级更多地参与到工会事务中。全国各级工会始终坚持中国共产党的领导，不仅积极推动企业工会的建立，而且发挥自身监督作用，切实保证企业工会能够发挥作用。中国工会与劳动阶级的关系不再是简单的领导与被领导的关系，工人在工会事务中发挥着越来越重要的作用。最后，中国共产党领导工会基层组织不断完善，企业工会在企业和工人阶级之间起到了重要的调和作用，劳资关系呈现出明显的和谐共赢的特点。工会推动建立企业工会并在使其法制化的过程中发挥重要作用，企业工会的建立是工运事业发展的重要里程碑，也是工人阶级、工会以及企业之间关系的新模式，是推进和谐劳动关系建立的重要手段之一。21 世纪初的劳动关系主体实践总结如图 7.1 所示。

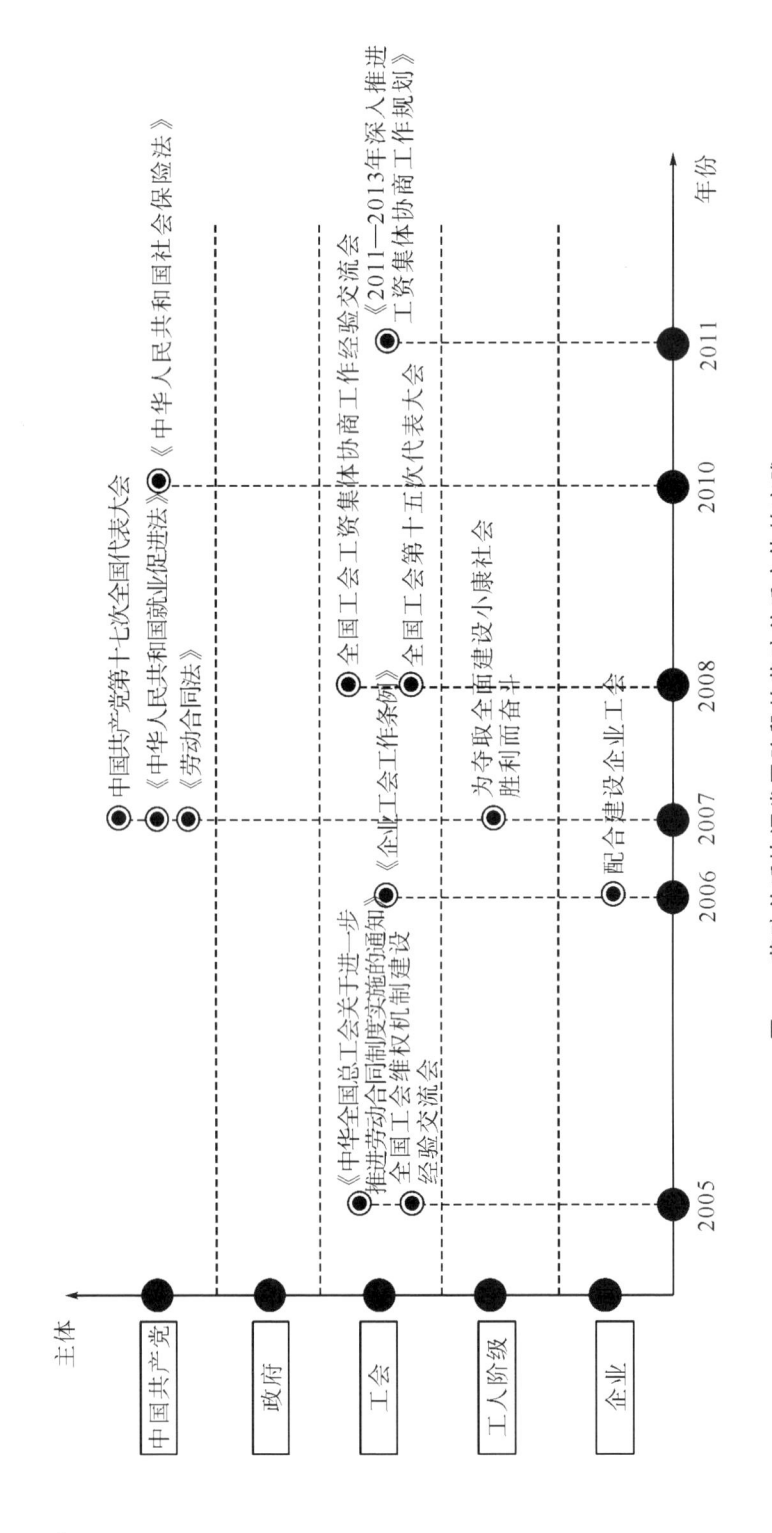

图7.1 劳动关系协调发展阶段的劳动关系主体的实践

资料来源：笔者根据相关文献和资料整理而得。

第八章　劳动关系协调发展阶段的理论研究

21世纪初，随着我国社会主义市场经济体制改革与对外开放进一步深入推进，劳动合同制度、集体协商制度和劳动争议处理制度逐步建立并发挥作用，劳动关系呈现市场化、法制化、多元化特点，但劳资矛盾的加剧亟须协调劳动关系主体之间的利益，发挥劳动关系协商机制的作用。

我们从2002—2011年劳动关系相关文献中（中文文献1 746篇、英文文献165篇）甄选出现20次以上的关键词，由图8.1标签视图可知，2002—2011年劳动关系相关文献的关键词条目主要分为3个群组。第1个群组包含了8个关键词条目，其中"劳动关系""和谐劳动关系"是该组的核心关键词条目，与"企业社会责任""人力资源管理""体面劳动"等关键词直接相关。第2个群组包含了10个关键词条目，以"《劳动合同法》"为核心，与"劳动合同""《劳动法》""劳动争议""劳务派遣""农民工"等条目相关。第3个群组包含了6个关键词条目，以"工会"为中心，该组群条目主要涉及了"集体协商""集体谈判""集体合同""政府"等相关条目。从图8.2密度视图中可以发现，"劳动关系""和谐劳动关系""劳动合同法""工会"等条目的密度大、热度高，表示此类关键词条目在此阶段劳动关系的相关研究中占据核心地位。根据标签视图和密度视图的分析结果，在劳动关系协调发展阶段，中国劳动关系的法制化、市场化已经初步完成，但是更为深层次的矛盾浮现出来，需要进一步对多方利益进行协调。政府完善劳动法律和集体协商机制以构建和谐劳动关系、企业和谐劳动关系的构建、非正规就业者如农民工和劳务派遣员工的劳动权益保障是这一阶段劳动关系研究的热点。

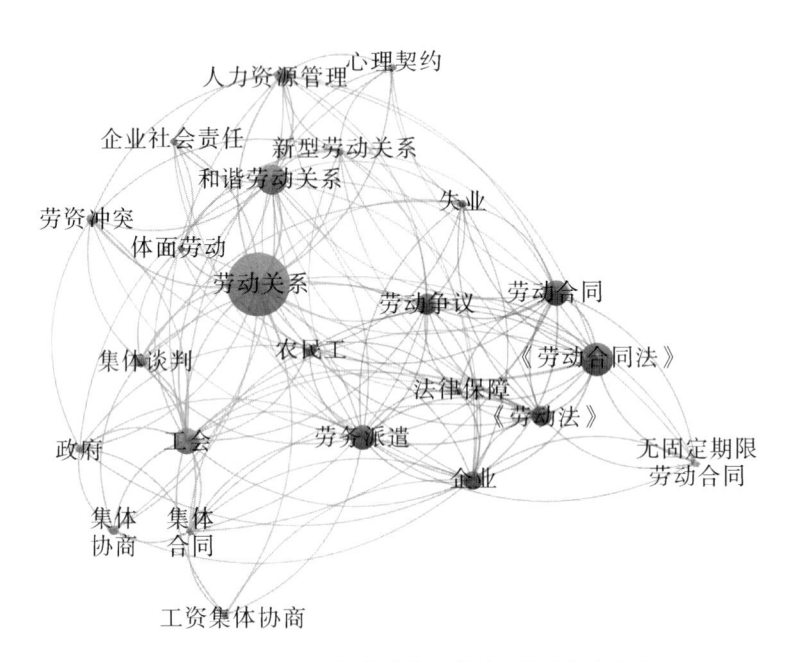

图 8.1　2002—2011 年劳动关系关键词聚类标签视图

图 8.2　2002—2011 年劳动关系关键词聚类密度视图

第一节　和谐劳动关系建设目标对劳动关系治理的影响

进入21世纪以来，社会主义市场经济下劳动纠纷问题突出，劳动关系出现制度失衡的问题，正式制度严重短缺[1]。在这样的环境下，本阶段的研究以建立和谐劳动关系为背景，探究和谐劳动关系建设目标对劳动关系治理的影响，具体而言包括政府在协调劳动关系中的定位、角色及治理路径选择。

首先，"市场失灵"和政府对劳动关系的干预优势是政府治理劳动关系的重要理由，政府应积极介入劳动关系调节，以捍卫社会公平为己任，发挥主导作用。具体而言，政府应该是劳动政策的制定者、劳动权益的保护者、劳资双方的平衡者、劳动争议的调和者、劳动规则的监察者[2]。政府应该从政治、经济、社会管理、公共服务等层面加强自身责任，应以捍卫公平为己任，同时其干预措施需要向社会中的弱势群体倾斜[3]。但也有学者认为，随着政府介入程度的加深，雇主会变得有恃无恐，经常藐视法律也毫发无损[4]。政府现有的劳动关系治理方式存在不足，阻碍了劳动争议的解决。劳动关系治理需要遵循辅助性、合法性、契约优先等原则，合理确定介入边界[5]。

关于政府的治理路径，有学者认为推动就业能力和体面工作实现内在一致性是和谐劳动关系治理的核心[6]。从外部性理论的角度出发，有学者指出劳动关系中的政府规制是寻求政府与市场之间的平衡，而并非以政府调节替代市场调节。构建和谐劳动关系需要政府以国家强制力来保障劳动者权利，作为企业内部利益调节机制的补充，以实现劳资自治[7]。具体而

---

[1]　高新会. 转轨时期我国劳动关系制度失衡问题研究 [J]. 中央财经大学学报，2007 (6)：87-91.

[2]　张波. 劳资关系中政府定位的应然选择与国际借鉴 [J]. 甘肃社会科学，2010 (5)：234-236，252.

[3]　钱箭星. 劳动者维权中的政府行为 [J]. 国家行政学院学报，2007 (1)：65-67.

[4]　FRIEDMAN E, LEE C K. Remaking the world of Chinese labour: A 30 - year retrospective [J]. British journal of industrial relations, 2010, 48 (3)：507-533.

[5]　李杏果. 论市场经济条件下政府介入劳动关系的界限 [J]. 人文杂志，2010 (6)：42-47.

[6]　郭志刚. 和谐劳动关系的治理机制分析 [J]. 当代经济研究，2009 (9)：48-52.

[7]　赵小仕. 劳动关系的外部性与政府的规制调节 [J]. 财政研究，2009 (1)：14-16.

言，有学者从制度层面、公共服务层面和道德层面提出具体的政府治理路径。在制度层面，政府应通过推广集体谈判模式，以人力资源管理为主干预劳动关系。完善的劳动法律法规体系和加强执法是劳动关系治理的基本制度保障。政府应该加快法治体系建设、强化劳动关系的宏观调控、积极发挥工会组织的作用、加大执法和监督的力度①。构建和谐劳动关系需要符合中国自身发展特点，尝试多方参与共同建设的社会保障型模式②。在公共服务层面，政府应采取各种措施促进就业，引导困难群体就业，向企业提供补贴与税费优惠③。在道德层面，政府应建立劳动关系道德评价体系及机构，加强劳动双方道德教育，为劳动关系的道德调整提供支持④。对于非公企业劳资关系，政府应健全有关法律法规，加快工会职能转变，还原工会本来面目⑤。

在本阶段，部分学者也探讨了世界上其他国家政府治理劳动关系的措施。美国确立的是立法主导的劳动关系调整体制。美国期望在已成熟的集体劳动关系之上构建个体劳动关系及各种新型雇佣关系以适应现代企业的发展⑥。政府对于劳动关系的调整体现为制定一系列的程序和规则⑦。美国政府与新加坡政府在经济转型期都实行了相似的主导措施，如促进就业，通过一系列法律法规从压制工人到平衡双方利益，完善社会保障制度，发挥了本国特有的传统文化⑧。战后的德国奉行社会市场经济原则，在"劳资自治"的环境下建立起了劳资合作共决模式，德国以改善就业状况为目标的劳动关系的调整思路，工会维权的态度由强硬转变为妥协，集体谈判从产业转向企业，政府角色由保持中立到强调责任。劳动关系调节体系呈现契约化、自律化和法制化的特点⑨。随着经济环境的发展变化，日本传

---

① 李皓. 简论政府对劳动关系的协调作用 [J]. 中国行政管理, 2008 (8): 23-25.
② 杨景越. 构建和谐劳动关系的模式选择 [J]. 中国特色社会主义研究, 2012 (6): 69-71.
③ 栾爽. 论构建和谐劳动关系中的政府责任 [J]. 中国行政管理, 2008 (6): 60-62.
④ 刘妍, 周中之. 和谐劳动关系的道德调整及其实现路径 [J]. 上海财经大学学报, 2011, 13 (4): 3-9, 50.
⑤ 程新征. 对政府在非公有制经济劳资关系中作为的思考 [J]. 当代世界与社会主义, 2006 (2): 99-101.
⑥ 张立富. 中国和美国劳动关系转型的比较分析 [J]. 中国人力资源开发, 2010 (4): 71-74.
⑦ 杨景越. 构建和谐劳动关系的模式选择 [J]. 中国特色社会主义研究, 2012 (6): 69-71.
⑧ 吴君槐. 国际劳动关系在转型期的不同变化及其对中国的启示 [J]. 甘肃政法学院学报, 2011 (3): 125-131.
⑨ 沈琴琴. 德国劳动关系的调整路径及其对我国的启示 [J]. 生产力研究, 2009 (19): 142-144.

统的终身雇佣制受到挑战,工会组织率下降,日本政府通过促进形成社会惯例、加强规范劳务派遣,以立法形式增强企业工会独立性与影响力等方式规制劳动力市场及个别劳动关系的法律[①]。以上各国的劳动关系治理措施对我国的制度调整具有一定的启示意义。

第二节 企业和谐劳动关系构建的现状与路径

企业和谐是社会和谐的重要组成部分,是建成和谐社会的基础。企业经济性与社会性的本质决定了企业履行社会责任的内在合理性,企业社会责任的核心要求营造企业内部利益相关者的和谐,并以和谐劳动关系增加社会和谐因素,促进社会和谐发展[②]。

在本阶段,企业劳动关系管理研究围绕建立"和谐"劳动关系展开,探究企业和谐劳动关系的现状及构建路径。伴随着劳动力资源配置市场化进程的发展,在本阶段我国企业劳动关系出现失衡,企业劳动管理中存在不同程度的违法性[③]。经济结构调整导致失业率上升,国有企业大规模裁员[④];私营企业劳资关系存在劳动合同不完善、安全措施不规范、劳动保障缺乏、工会不健全、劳动报酬低、拖欠工资等问题[⑤]。

关于企业和谐劳动关系的构建路径,一些学者通过实证研究发现员工工资、奖金、股份、对企业长远发展的信任程度都是影响企业建立和谐劳动关系的重要因素。一些学者从产权理论出发,指出人和人之间的关系是企业产权关系的本质,单一资本产权是企业不和谐劳动关系产生的根本原因[⑥]。资本主义企业内部雇主与劳动者的地位不平等,具有剥削与被剥削

[①] 刘晓倩. 日本劳动关系的调整变化与启示 [J]. 生产力研究,2010 (2):173-175,189.

[②] 曲庆彪,王家驯. 企业社会责任视角下的社会和谐问题探究 [J]. 科学社会主义,2010 (5):99-102.

[③] 李新挪. 目前我国企业劳动关系的新变化及调整 [J]. 中国青年政治学院学报,2003 (1):87-91.

[④] DONG X Y, XU L C. The impact of China's millennium labour restructuring program on firm performance and employee earnings [J]. Economics of Transition, 2008, 16 (2): 223-245.

[⑤] 周学军,李黎青. 基于"和谐"视角下的私营企业劳资关系特点分析 [J]. 企业经济,2008 (8):8-10.

[⑥] 钟武强,卢荣秋. 联合产权制度与民营企业和谐劳动关系 [J]. 财经理论与实践,2009,30 (5):122-124.

的特点，产权关系表现为雇佣关系[1]。构建企业和谐劳动关系需要建立联合产权制度，优化产权结构，实现产权多元化，由劳资双方共享企业所有权，从而共享企业内劳动创造的剩余价值[2]。基于制度经济学理论，我国应建立企业劳资关系二元所有权[3]，同时设立明确的法律法规，保证员工持股制度在国有企业中长效稳定发展[4]。

另一些学者从企业人力资源管理的角度探究构建和谐劳动关系的路径。由于劳动合同规制与经济危机的迅猛冲击，建立稳定和谐的劳动关系成为劳动关系协调发展阶段企业人力资源管理重要课题。企业主动调整内部人力资源管理模式是应对《劳动合同法》的最优策略，该法律促使企业重视协调劳动关系、提高企业对劳动者利益的重视程度[5]。企业人力资源管理需要兼顾国内劳动立法与国际劳工标准[6]。企业可采用一体化、标准化、制度化管理，从员工选、用、育、留等维度，健全内部人力资源管理制度，构建相关利益者的价值评价与分享机制，建立人力资源管理的劳动关系预警机制等方法来构建和谐劳动关系[7]。部分学者从社会交换理论的角度提出构建支持性人力资源管理实践，以员工的心理层面为切入点构建企业内部和谐劳动关系，将以人为本落到实处[8]。建设和谐企业文化、建立和谐激励机制、实施和谐绩效管理、设计和谐薪酬体系，以此构建有中国特色的企业人力资源管理新模式[9]。

还有学者从心理契约的视角出发，提出构建和谐劳动关系的对策。心

---

[1] 陈锴.企业产权关系的双重性分析[J].高校理论战线，2011（3）：40-44.
[2] 叶正茂.共享利益与企业和谐劳动关系的构建原则[J].马克思主义研究，2009（11）：52-57.
[3] 刘金祥.基于二元所有权架构的企业劳资关系研究[J].上海师范大学学报（哲学社会科学版），2007（2）：36-41.
[4] 王瑶.从制度经济学角度谈职工持股计划在我国国企的应用[J].生产力研究，2006（9）：204-206.
[5] 王君玲.试论《劳动合同法》对企业人力资源管理的积极效应[J].黑龙江社会科学，2008（4）：175-177.
[6] 罗明忠.国际劳工标准演进中的企业人力资源管理变革[J].中国人力资源开发，2007（10）：73-76.
[7] 胡晓东.构建基于HRM的企业劳动关系预警机制研究[J].中国劳动关系学院学报，2010，24（6）：27-31.
[8] 卿涛，诸彦含.企业劳动关系和谐化的影响机理[J].财经科学，2009（7）：73-79.
[9] 李桂华.和谐管理：中国特色的企业人力资源管理模式[J].中国流通经济，2011，25（12）：98-103..

理契约的本质是一种情感契约，是联系劳资双方的一种无形纽带，是劳动关系的内核[1]。心理契约包括企业对员工的期望、回报，员工应为企业做出的贡献等，具体表现为雇主与劳动者之间心理上的相互信任和相互满意[2]。组织内信任是私营企业和谐劳动关系构筑的前提和基础，学者通过实证发现心理契约会对组织内认知型信任和情感型信任产生积极的推动作用。心理契约还可以在促进企业提高管理经营效率的同时降低制度契约的成本[3]。对此，企业需要同时注意劳资双方在经济利益与心理上的相互期待与依赖。企业可以通过以诚相待、人本管理、保障员工就业安全、建立合理激励机制、重视员工职业发展等心理契约管理策略提高员工工作满意度，增强对组织的归属感，以建立企业和谐劳动关系[4]。

第三节 非正规就业者的劳动权益保障

随着经济结构的调整及农村剩余劳动力的转移，中国劳动力市场从计划到自由的发展，使得农村劳动力保留政策如公社制度和小城镇战略在阻止农村劳动力流向城市地区方面基本无效[5]。自 20 世纪 80 年代以来，数百万农村移民进入了政府控制最少的非正规部门，非正规劳动关系在我国城镇就业中所占比重迅速增大。我国非正规就业的主要参与群体是农民工、下岗工人、退休人员、不充分就业者等[6]。非正规就业的形式主要包括劳务派遣、非全日制劳动、兼职就业、老年就业和家政就业等。有研究表明，在本阶段劳动者群体已出现了分层，非正规劳动者往往处于较底层，是劳动关系中最为弱势的主体[7]，有关这些弱势群体劳动权益的保障是本阶段劳动关系研究的热点。

---

[1] 郭志刚. 和谐劳动关系的内核与模式 [J]. 财经科学, 2008 (5): 88-94.
[2] 李杰. 劳动关系中的心理契约调节机制探析 [J]. 生产力研究, 2007 (20): 62-64.
[3] 李培林. 论企业劳动关系管理中的文化战略 [J]. 科技管理研究, 2007 (10): 169-170, 175.
[4] 王宝达. 刍议员工心理契约的构建 [J]. 科技管理研究, 2008 (7): 321-322, 346.
[5] CHEN Y P. Land use rights, market transitions, and labour policy change in China (1980-1984) [J]. Economics of Transition, 2012, 20 (4): 705-743.
[6] 贾玉洁. 浅析我国非正规就业的发展与对策 [J]. 人口与经济, 2004 (3): 45-49, 80.
[7] 董保华. 和谐劳动关系的思辨 [J]. 上海师范大学学报（哲学社会科学版）, 2007 (2): 22-29.

首先,农民工劳动权益保障是该阶段最为重要的议题。进城农民工问题是城乡劳动关系中的重点问题。农民工就业具有临时性、高强度、低保障等特点[1]。当前,农民工主要面临着社会歧视、就业机会不平等、工资待遇低、工资被拖欠、劳动环境恶劣、社保待遇缺失等问题[2]。对此,学者提出在制度层面,需要建立有限的利益表达机制和利益均衡机制,人民代表和政协委员需要了解、反映农民工心声,实行管理转变,支持农民工有序转移进城。在法律层面,现行劳动法律对于农民工权益保护仍存在立法缺失。农民工法律救济程序复杂、成本高、难以落实;工伤农民工维权艰难,劳动案件官司执行难[3]。需要从立法、执法、司法多层面重构农民工劳动权益保障法律制度,借助倾斜保护立法加强劳动执法来保护农民工合法权益[4]。在工伤保险制度层面,农民工是工伤事故高发群体,而在实践中农民工却是工伤保险覆盖范围最小的群体。我国农民工工伤保险起步晚且没有考虑到农民工的特点。劳动关系认定将大多数农民工排除在工伤保险主体之外;工伤认定程序漫长复杂,农民工难以享受工伤保险待遇;工伤保险模式单一,并不能有效保障受工伤农民工[5]。为解决上述问题,农民工工伤保险制度建设应从政府职能和法制建设、基金设计、工伤预防和康复机制方面多管齐下[6]。在就业支持层面,应从农民工就业市场体系、政策支持体系、社会支持体系三个方面构建农民工就业支持系统[7]。

其次,劳务派遣员工的权益保护是本阶段研究的热点问题。劳动派遣关系涉及劳动派遣单位、用工单位和派遣劳动者三方关系,是一种复杂的多边法律关系[8]。《劳动合同法》虽然以法律的形式专门规范了劳务派遣关系,但该法律对劳务派遣业务的准入、行业范围界定、期限规定欠缺,无

---

[1] 王海滨. 重塑城乡和谐劳动关系的思考 [J]. 宏观经济管理, 2007 (6): 41-43.
[2] 胡学勤. 农民工权益受损问题的思考 [J]. 现代经济探讨, 2009 (8): 5-9.
[3] 徐金华. 我国农民工劳资关系权益的法律分析 [J]. 调研世界, 2009 (4): 13-16..
[4] 汪敏. 农民工权益与倾斜保护立法 [J]. 湖北社会科学, 2008 (11): 154-157.
[5] 于欣华, 霍学喜. 农民工工伤保险困境分析 [J]. 北京理工大学学报 (社会科学版), 2008, 10 (6): 14-18.
[6] 邓秋柳, 刘海珍. 完善我国农民工工伤保险制度的思考 [J]. 财经理论与实践, 2008 (5): 39-43.
[7] 何文举, 殷志云. 农民工非正规就业支持系统如何构建 [J]. 求索, 2007 (5): 64-65.
[8] 周宝妹. 劳务派遣法律关系研究 [J]. 法学杂志, 2010, 31 (2): 71-74.

法有效保护劳动者合法权益[1]。劳务派遣劳动者同时面临签订劳动合同权利受阻、无法加入工会、政治待遇难以保证、维权渠道不畅等问题[2]。对此，有学者提出应对《劳动合同法》进行适当的补充立法规制，建立派遣员工的身份转化机制、理顺工会组织体系、明确派遣员工加入工会的问题[3]。

对于其他类型的非正规就业者，学者认为非正规就业者没有受到《劳动合同法》《侵权责任法》的规制，现行法律对于此类劳动者的权益保障并不充分。例如，我国劳动法律不适用于家政工，家政工劳动权利没有受到《劳动合同法》《侵权责任法》的规制。我国劳动立法也未明确退休返聘关系的法律性质，学界对退休再就业人员与用人单位间形成劳动关系还是劳务关系存在争论[4]。由于立法的缺失，退休返聘引发了劳动报酬、工伤待遇、解除返聘协议等争议。对此，学界提出应尽快将非正规就业者的劳动权益保障纳入立法议程，加强社会保护，完善社会保险制度、完善公共服务体系、健全工会参与机制、提高非正规就业者自身权益保障意识，强化精神文化保护[5]。

最后，工会在劳动权益保障方面的作用也是学者们关注的热点。工会是协调劳动关系的重要路径，在保护弱势群体劳动权益尤其是农民工权益上具有优势。一方面，中国工会为现代化建设做出了突出贡献，努力构建和谐劳动关系，积极参与国家和社会事务，坚持工运的社会主义方向，维护了工人阶级和工会组织的统一[6]；另一方面，中国工会虽然在改革开放30多年来为现代化建设做出了突出贡献[7]，但现阶段工会行政化和官本位化倾向严重，依附色彩重，工会缺乏独立性，维权功能发挥受限，致使集

---

[1] 杨胜利. 劳务派遣制度的规范缺失及发展前瞻 [J]. 苏州大学学报（哲学社会科学版），2009, 30 (5)：50-54.

[2] 左文平. 关于劳务派遣工权益维护问题的思考 [J]. 中国劳动关系学院学报, 2010, 24 (6)：46-48.

[3] 姜颖, 杨欣. 论劳务派遣中劳动者权益保障：基于"劳动合同法调研问卷"的实证分析 [J]. 国家行政学院学报, 2011 (2)：52-56.

[4] 冯彦君, 李娜. 退休再就业：劳动关系抑或劳务关系：兼评"社会保险标准说"[J]. 社会科学战线, 2012 (7)：182-189.

[5] 李立新, 郭洋. 劳务派遣中的劳动者权益保护 [J]. 社会科学家, 2009 (1)：84-87.

[6] 曲延志. 中国特色社会主义工会发展道路的探索与经验 [J]. 中国劳动关系学院学报, 2011, 25 (5)：31-34.

[7] LU Y, TAO Z, WANG Y. Union effects on performance and employment relations: Evidence from China [J]. China Economic Review, 2010, 21 (1)：202-210.

体协商和员工参与等机制流于形式[1]。相关法律制度对工会维权保障不力；工会维权效率低、手段缺乏；工会在非公企业中覆盖面小[2]。对此，学界提出工会自身要着眼于劳动关系的新变化，全面维护职工权益[3]，同时需要推动工会走向职业化、社会化、行业化[4]；加强工会的自主性建设，全面提升企业工会的维权能力，进行真正的集体谈判，回归社会组织的建制本源[5]。

第四节 《劳动合同法》对劳动关系的调整

伴随着改革开放的深入与市场经济的发展，我国以市场化为主要特征的新型劳动关系体制已经建立并进入协调发展阶段。2008年实施的《劳动合同法》是我国劳动和社会保障法制建设的重要里程碑，该法律既是对劳动合同制度的完善，也是对劳动标准体系的规范。

《劳动法》于1995年开始实施，该法律一定程度上为我国社会主义市场经济发展、劳动力市场发展及劳动者权益保护提供了法律支持，符合市场经济环境下的劳动关系的要求[6]，但在21世纪初暴露出许多问题。例如，在立法目标上，对劳动关系本质认识模糊，回避劳资冲突中的敏感问题；在效率上，劳动执法监察力度不强，劳动争议仲裁时效过短[7]；在法律条文上，条文内容空洞抽象、操作性不强、忽视劳动者的社会保障、劳动合同制度不健全[8]。经过十余年的改革，我国的社会经济环境、组织结构、就业方式、分配方式逐渐多元化，新型用工形式如劳务派遣、农民

---

[1] 乔健. 中国特色的三方协调机制：走向三方协商与社会对话的第一步 [J]. 广东社会科学，2010（2）：31-38.

[2] 许晓军，任小平. 从"盐田国际"罢工事件看中国工会维权路径中的制度救济 [J]. 当代世界与社会主义，2008（4）：140-144.

[3] 贲亚范. 工会维权的路径选择：关于当前企业工会维权工作的思考 [J]. 中国劳动关系学院学报，2010，24（4）：35-37.

[4] 罗玲玲. 市场经济体制下工会维权职能探析 [J]. 经济体制改革，2003（6）：151-154.

[5] 刘泰洪. 劳资冲突与工会转型 [J]. 天津社会科学，2011（2）：85-89.

[6] 林嘉，黎建飞. 2004年劳动法学和社会保障法学学术研究回顾 [J]. 法学家，2005（1）：75-77.

[7] 廉靖. 关于劳动立法若干问题的思考 [J]. 经济问题，2007（7）：56-57.

[8] 韩桂君. 修改《劳动法》若干问题研究：从基本理念和具体制度层面分析 [J]. 甘肃政法学院学报，2005（3）：38-45.

工、小时工等大量出现,《劳动法》已无法及时有效地保护劳动者权益,我国劳动法律亟待调整①。

为解决《劳动法》中存在的问题,进一步适应中国社会改革及全球化下劳动关系多元化复杂化状况②,推进"和谐社会"建设,2006年全国人大常委会公布了《劳动合同法(草案)》,历经四次审议,2008年《劳动合同法》开始实施。学者围绕《劳动合同法》的立法宗旨、实施效果和具体条款存在的问题展开了一系列研究。

首先,学界较为一致地认为该法律的立法宗旨是对劳动者进行倾斜保护。其次,关于《劳动合同法》的实施效果,一些学者积极地评价了该法律的实施效果,认为与原《劳动法》相比,《劳动合同法》扩大了劳动合同的适用范围,明确了劳资双方的权利与义务关系③;加大了企业的违法成本;规范了劳动合同订立的形式;保护了劳动者的自主择业权;限定了违约金的适用范围;扩大了经济补偿金的适用范围④⑤。从管理学视角来看,《劳动合同法》严格规范了用人单位制度生成机制,提升了劳动者主体地位,增强了对劳动关系现实问题的针对性,呈现出以人为本的伦理取向,为构建和发展和谐稳定的劳动关系提供了有力的法律保障⑥⑦。而另一些学者对《劳动合同法》提出了批评,认为整体而言《劳动合同法》增加了用人单位的压力,最终将伤害劳动者,应根据实际需要增加维护用人单位合法权益的内容;该法律对现实中大量存在的非标准劳动关系认识不足、重视不够⑧。根据博弈论的观点,企业组织代表缺席了《劳动合同法》

---

① 吕楠. 改革开放30年中国劳动合同制的演变 [J]. 北京社会科学, 2008(5): 10-17.

② 常凯. 论劳动合同法的立法依据和法律定位 [J]. 法学论坛, 2008(2): 5-14.

③ 杨绍华, 易赛键.《中华人民共和国劳动合同法》: 一部保护广大劳动者合法权益的重要法律: 访全国人大法律委员会主任委员杨景宇、全国总工会书记处书记兼纪检组长张鸣起 [J]. 求是, 2007(18): 30-32.

④ 黎建飞. 劳动合同解除的难与易 [J]. 法学家, 2008(2): 18-23, 4.

⑤ 马俊军. 2007年中国劳动立法述评: 兼评《就业促进法》《劳动合同法》《劳动争议调解仲裁法》[J]. 岭南学刊, 2008(4): 60-63.

⑥ 王寿鹏, 高天好. 劳动合同法的管理学分析与企业人性化管理 [J]. 生产力研究, 2009(13): 161-162, 165.

⑦ 王琳琳. 解读《劳动合同法》的人性化特点 [J]. 中国劳动关系学院学报, 2010, 24(5): 30-34.

⑧ 马跃如, 夏冰. 论《劳动合同法》适用范围的现状与问题: 以对非标准劳动关系的立法规范为视角 [J]. 上海财经大学学报, 2011, 13(2): 25-32.

的制定，立法过程出现了主角错位，远离了真正意义上的"劳资博弈"[①]。

最后，学者也对《劳动合同法》中具体条款存在的问题进行了深入探讨。第一，学者指出《劳动合同法》虽然显著降低了订立无固定期限劳动合同的门槛，但并不能实际解决劳动合同短期化问题。我国现行的无固定期限劳动合同虽然会增加员工对企业的归属感与向心力，但其过强的福利属性会使员工失去动力，加重企业的包袱[②]。另外，我国无固定期限劳动合同不符合国际惯例，我国的做法较偏向劳动者，且无固定期限条款立法方式较武断，只限制了资方解约，而未限制劳动者的自主流动，激发了资方较强的反抗心理，造成了资方的集体惶恐，会带来劳资双方的新矛盾和劳动力市场的持续动荡[③]。第二，劳务派遣条款欠缺操作性，劳务派遣条款间存在一定矛盾问题，对报酬概念存在混淆，劳动报酬的支付立法规定混乱[④]。同时，涉外劳务派遣立法缺失，外派劳工劳动权益保障缺失，其社会地位低下，社会保障不充分，无法享有接受国国民的政治权利[⑤]。第三，竞业限制规定中的经济补偿金额、期限、条款的法律效力、竞业限制条款启动的条件等方面仍有较大的空白。该条款没有关注到竞业限制中蕴含的复杂利益结构和利益冲突，且与《公司法》的相关规定存在一定差异[⑥]。第四，经济补偿条款忽略了用人单位"义务帮助说"和"劳动贡献补偿说"的合理性。经济补偿条款未涉及关于以完成一定工作任务为期限的劳动合同，同时赔偿金的计算规定过于简单机械，缺少法理支持[⑦]。第五，服务期条款未对适用的劳动合同类型、合理期限的确定方式、违约金的设置做出明确的规定，存在约定性太强而法定性不足的问题[⑧]。该阶段研究的主题和核心观点见表8.1。

[①] 董保华. 劳资博弈之道：兼谈劳动合同立法博弈中"强资本、弱劳工"的观点 [J]. 社会科学家，2009（1）：8-14.
[②] 董保华. 论我国无固定期限劳动合同 [J]. 法商研究，2007（6）：53-60.
[③] 蔡维力，张爱军. 当代中国的劳资博弈：《劳动合同法》焦点条款的法经济分析 [J]. 山东社会科学，2008（5）：104-107.
[④] 张则瑜. 试析《劳动合同法》实施中有待明确的几大问题 [J]. 中国人力资源开发，2007（9）：84-86.
[⑤] 常凯. 论海外派遣劳动者保护立法 [J]. 中国劳动关系学院学报，2011，25（1）：40-45.
[⑥] 冯涛，石国庆. 雇员竞业限制及其利益平衡的法律机制 [J]. 中国人力资源开发，2009（9）：86-89.
[⑦] 谢增毅. 雇主不当解雇雇员的赔偿责任 [J]. 法律科学（西北政法大学学报），2010，28（3）：127-134.
[⑧] 问清泓.《劳动合同法》服务期制度之改进 [J]. 中国人力资源开发，2008（8）：72-75.

表 8.1　劳动关系协调发展阶段研究概况

研究主题	核心观点
和谐劳动关系建设目标对劳动关系治理的影响	·政府角色定位：政府在劳动关系调节中发挥主导作用；需要注意介入边界 ·劳动关系治理措施：政府从制度、公共服务和道德层面同时发力；各国政府的劳动关系治理经验
企业和谐劳动关系的构建研究	·企业劳动关系现状：非公企业劳动关系处于失衡状态 ·企业构建和谐劳动关系的意义：企业社会责任的要求；建立和谐劳动关系的要求 ·企业构建和谐劳动关系的路径：优化企业产权结构；重视人力资源管理；加强员工心理契约
非正规就业者的劳动权益保障	·农民工权益保障：农民工劳动权益保障存在立法空白；工伤保险政策及待遇不能有效保障农民工权益 ·非正规就业人员：工作状况较差，工作变动频繁，工资水平较低，工作条件不安全，医疗保健不足 ·非正规就业者权益保障：劳务派遣劳动者、家政工、老年劳动者需要专门保护 ·工会维权作用发挥：工会依附倾向明显；缺少法律保障
《劳动合同法》对劳动关系的调整	·《劳动法》问题暴露，劳动者权益无法得到及时有效的保护 ·《劳动合同法》立法基本定位：倾斜保护劳动者 ·《劳动合同法》的积极作用：扩大了劳动合同的适用范围，加大企业违法成本；体现人本主义倾向 ·《劳动合同法》的不足：对无固定期限劳动合同、劳务派遣、经济补偿、竞业限制、服务期的规定有失周全；对非标准劳动关系的法律规制有待加强

资料来源：笔者根据相关文献和资料整理而得。

第五篇
新时代劳动关系发展阶段：
2012年至今

第九章 新时代劳动关系发展阶段的实践探索

2012年党的十八大召开后,中国特色社会主义进入新时代。党的十八大明确提出"健全劳动标准体系和劳动关系协调机制,加强劳动保障监察和争议调解仲裁,构建和谐劳动关系"。党的十九大提出"完善政府、工会、企业共同参与的协商协调机制,构建和谐劳动关系"。党的二十大更进一步提出"健全劳动法律法规,完善劳动关系协商协调机制,完善劳动者权益保障制度,加强灵活就业和新就业形态劳动者权益保障"。

第一节 弘扬新时代劳动价值观

习近平总书记始终尊重劳动并关心劳动者。党的十八大召开以来,习近平总书记多次强调劳动与劳动者的重要性,提出了"劳动创造一切""弘扬劳动精神""构建和谐劳动关系"等重要论断,将与劳动相关的理念、品格、价值、实践提升到前所未有的国家战略层面来考虑。习近平总书记在党的十九大报告中明确指出,"坚持尊重劳动、尊重知识、尊重人才、尊重创造","营造劳动光荣、创造伟大的社会氛围""弘扬劳模精神和工匠精神,营造劳动光荣的社会风尚和精益求精的敬业风气";在党的二十大报告中提出,"在全社会弘扬劳动精神、奋斗精神、奉献精神、创造精神、勤俭节约精神,培育时代新风新貌"。

关于劳动的重要性问题,2013年4月,习近平总书记在全国总工会机关与全国劳动模范代表交流会上,提出了"人民创造历史,劳动开创未来"的论断;2014年4月30日,习近平总书记在乌鲁木齐接见劳动模范、先进工作者和先进代表人物时强调了"劳动是一切成功的必经之路";

2015年4月28日,习近平总书记在庆祝"五一"国际劳动节暨表彰全国劳动模范和先进工作者大会上表示,"全面建成小康社会,进而建成富强民主文明和谐的社会主义现代化国家,根本上靠劳动、靠劳动者创造"等,无一不体现出自古以来劳动的重要意义——劳动是推动人类社会进步的根本力量。2018年,习近平回信勉励中国劳动关系学院劳模本科班学员时,强调"社会主义是干出来的,新时代也是干出来的"[①]。他还多次强调:"劳动创造了中华民族,造就了中华民族的辉煌历史,也必将创造出中华民族的光明未来。"[②]

关于树立怎样的劳动观问题,习近平总书记在与知识分子、劳动模范、先进工作者等的多次谈话中提到"劳动没有高低贵贱之分""劳动最光荣、劳动最崇高、劳动最伟大、劳动最美丽"等观点,并提出,在我们社会主义国家,无论是体力劳动还是脑力劳动,无论是个人创造还是集体创造,都值得被尊重与鼓励,并要求不断增强创造活力,落实"尊重劳动、尊重知识、尊重人才、尊重创造"的重大方针。

关于如何对待劳动与劳动者的问题,习近平总书记从多主体参与的角度予以论述:就劳动者而言,应不断增强历史使命感和责任感,始终以主人翁姿态为坚持和发展中国特色社会主义做出自己的贡献,并自觉地把人生理想、家庭幸福融入国家富强、民族复兴的伟业之中;各级党委和政府要关心和爱护广大劳动者,及时有效地落实党和国家相关政策,如改善就业环境,提高就业质量,实施积极的就业政策,创造更多的就业岗位,不断增加劳动者特别是一线劳动者的劳动报酬。此外,工会应发挥其组织团结作用,一方面积极宣传,团结劳动者,切实维护职工合法权益;另一方面也要顺应时代潮流,灵活创新,用科学有效的方法为广大劳动群众办实事。

---

① 习近平. 习近平给中国劳动关系学院劳模本科班学员的回信[J]. 人民政坛,2018(5):1.
② 习近平. 习近平谈治国理政:第1卷[M]. 北京:外文出版社,2018:46.

第二节　以法制推动新时代和谐劳动关系的构建

努力构建中国特色和谐劳动关系，是坚持中国特色社会主义道路、贯彻中国特色社会主义理论体系、完善中国特色社会主义制度的重要组成部分。党的十八大报告指出，"社会和谐是中国特色社会主义的本质属性"，这为新时代劳动关系的发展指明了方向。2015 年，中共中央、国务院印发《关于构建和谐劳动关系的意见》，把构建和谐劳动关系作为一项紧迫任务，摆在更加突出的位置上。党的十九大报告中也明确指出，要"完善政府、工会、企业共同参与的协商协调机制，构建和谐劳动关系"。2019 年中国共产党第十九届中央委员会第四次全体会议通过了《中共中央关于坚持和完善中国特色社会主义制度推进国家治理体系和治理能力现代化若干重大问题的决定》，强调要"健全劳动关系协调机制，构建和谐劳动关系，促进广大劳动者实现体面劳动、全面发展"。《中共中央关于制定国民经济和社会发展第十四个五年规划和二〇三五年远景目标的建议》提出要"健全就业公共服务体系、劳动关系协调机制、终身职业技能培训制度"等。党的二十大报告进一步提出，要"健全劳动法律法规，完善劳动关系协商协调机制，完善劳动者权益保障制度，加强灵活就业和新就业形态劳动者权益保障"。这些制度都体现了习近平新时代中国特色社会主义思想，积极弘扬新时代劳动观，深入构建和谐劳动关系，也更加明确了对劳动关系工作的要求，具体体现在完善劳动关系相关法律制度、加强劳动保障监察、健全劳动关系协调机制和劳动争议调解仲裁制度等方面。

一、完善劳动法律制度

到 2012 年，我国劳动法制建设已取得重大的成就，形成了比较全面的劳动法律体系。党的十九大报告提出，全面依法治国必须坚持厉行法治，推进科学立法、严格执法、公正司法、全民守法。党的二十大报告提出，坚持依法治国、依法执政、依法行政共同推进，坚持法治国家、法治政府、法治社会一体建设，全面推进科学立法、严格执法、公正司法、全民守法，全面推进国家各方面工作法治化。此阶段劳动立法已进入"攻坚克难"阶段，一方面进行相关法律制度的进一步完善，另一方面更多地关注长期积累的以及新时代新出现的疑难复杂问题，如劳务派遣问题。

《劳动法》是为了保护劳动者的合法权益、调整劳动关系、建立和维护适应社会主义市场经济的劳动制度、促进经济发展和社会进步，根据宪法而制定的，在我国劳动法治建设史上具有里程碑的意义。《劳动法》颁布20多年来的实践证明，这部法律对建立健全与社会主义市场经济相适应的就业制度、社会保障体系和劳动关系协调机制，保护广大劳动者合法权益，促进经济社会全面发展，发挥了重要作用。面对经济新常态下劳动关系的主体及其利益诉求多元化、就业形式多样化等挑战，我国劳动法律体系亟须完善与重构。2012年以来，劳动相关法律陆续得到部分修正与完善。2018年12月29日，第十三届全国人民代表大会常务委员会第七次会议通过了关于《劳动法》的修订案，进一步维护了劳动者的合法权益。首先，针对社会保险问题，如企业年金，2018年2月1日以后，我国劳动者达到退休年龄或完全丧失劳动能力时，可以一次性领取企业年金。即劳动者在退休或丧失劳动能力后可以选择按月、分期或一次性领取的方式领取企业年金。此外，在我国，用人单位应当为员工缴纳社会保险，这项规定已被列为用人单位的强制性义务。2018年新的《劳动法》增加了对不缴纳社会保险的用人单位的惩罚规定。其次，关于劳动者的劳动报酬问题，2018年新《劳动法》规定，劳动者因缺席扣除的工资应当与劳动者缺席的时间相对应。同时，新修订的法律中明确了劳动者可以享有的带薪年假以及非自身原因导致离职的，劳动者可以主张经济补偿金的具体办法。

同时，《就业促进法》《社会保险法》《妇女权益保障法》等法律也随着时代变化而进行了相关的修订。其中，《社会保险法》修正案经第十三届全国人民代表大会常务委员会第七次会议通过，将基本医疗保险基金与生育保险基金合并，这也是医保管理体制改革的重要内容，两险合并有利于统一管理，提高效率，减少政策碎片化。同时，从长远看，这也有利于制定和实施统筹层级更高、覆盖面更宽、待遇更加合理的生育保险政策，降低了家庭生育成本，也促进了女性平等就业。此外，《妇女权益保障法》修正案经第十三届全国人民代表大会常务委员会第六次会议通过，"男女平等"成为我国的基本国策之一，强调女性就业平等，保护女性依法享有特殊权益，尊重女性人身权利，为女性提供明确的法律保护途径。以上法律的完善，均体现了新时代党和国家对于劳动者合法权益保护的重视与构建和谐劳动关系的决心。针对劳务派遣的规范问题，2012年，全国人大常委会修改了《劳动合同法》，对劳务派遣的规范、治理进行了指导性的规定。据此，劳动行政部门颁布了《劳务派遣行政许可实施办法》和《劳务派遣暂行规定》，进一步推动相关政策措施落地，规范劳务派遣。

综上所述，不管是针对现行法律的修正与更改，还是新增符合时代发展要求的条例内容，都体现了新时代劳动法制建设的加强，劳动者的合法权益也进一步得到了维护。

二、加强劳动保障监察

劳动保障监察工作以维护劳动者合法权益为宗旨，承担着将人力资源和社会保障工作的各项目标和任务落实到位并保障执法的作用，关系到劳动者最直接、最现实的利益，关乎公平正义和社会稳定，责任重大，使命光荣。党的十八大以来，劳动保障监察机构每年查处30余万件侵害劳动者合法权益案件，切实维护了广大劳动者就业、劳动报酬、社会保险等权益。目前，劳动保障监察基本制度已经建立，工作体系日趋完善，执法力度不断加大，源头治理拖欠农民工工资问题成效明显，但仍然存在执法方式和手段创新不够、执法能力不足、保障工资支付的长效机制尚不健全、劳动者美好生活需要不能很好实现等发展不充分的问题，以及区域之间、行业之间差异较大等发展不平衡问题。党的十九大以来，党和政府深入思考新时代新使命对劳动保障监察工作提出的新课题新要求，坚持问题导向，深入研究社会主要矛盾变化对劳动保障监察工作的影响，着力解决发展不平衡不充分的问题，不断解决新时代劳动保障领域的新问题。党的二十大报告提出"健全劳动法律法规，完善劳动关系协商协调机制"。人力资源和社会保障部不断完善劳动关系、调解仲裁和劳动监察"三位一体"工作机制，引导企业规范用工，有效化解劳动关系领域的风险和矛盾，维护劳动关系和谐稳定。

劳动保障监察重视制度建设、开展专项行动，为劳动者权益保护上"双保险"。劳动报酬是劳动者享有的基本权益，根治欠薪势必成为劳动保障监察工作的重中之重。以农民工群体劳动报酬权益保障为例，2016年，国务院办公厅印发《关于全面治理拖欠农民工工资问题的意见》，对解决农民工工资问题提出了明确要求。2020年，中共中央颁布《保障农民工工资支付条例》，为根治农民工工资问题提供了强有力的法律保障。此外，人力资源和社会保障部也积极开展专项整治行动与执法检查。党的十九大提出,"保障和改善民生要抓住人民最关心最直接最现实的利益问题,保障群众基本生活,不断满足人民日益增长的美好生活需要,不断促进社会公平正义,形成有效的社会治理、良好的社会秩序"。党的二十大报告提出,"要实现好、维护好、发展好最广大人民根本利益,紧紧抓住人民最关心最直接最现实的利益问题,坚持尽力而为、量力而行,深入群众、深入基层,采取更多惠民生、暖民心举措,着力解决好人民群众急难愁盼问题,健全基本公共服务体系,提高公共服务水平,增强均衡性和可及性,扎实推进共同富裕"。劳动保障监察近年来为广大农民工解决了大量的欠薪问题,就是抓住了农民工最关心最直接最现实的利益问题,把党和政府对广大农民工的关怀落到实处,切实保障了农民工的基本生活和劳动报酬权益,加强了劳动保障监察执法的力度和效果。

三、完善劳动人事争议调解仲裁制度

步入新时代,我国劳动关系随之变得灵活多样,流动性日益凸显。如何健全劳动人事争议调解仲裁机制、提升效能建设水平,成为这一时期劳动人事争议处理制度建设的发展方向,具体措施主要体现为实践的进步与制度的完善。

在党中央要求构建和谐劳动关系的背景下,为减少劳动纠纷、提高劳动人事争议处理效能,2012 年,人力资源和社会保障部、中央编制办、财政部联合印发《关于加强劳动人事争议处理效能建设的意见》,包括了仲裁机构建设、仲裁队伍建设、仲裁基础设施建设、仲裁经费保障、仲裁工作制度和组织领导六个方面的内容,以"加强仲裁机构实体化建设"为核心内容,不断提高劳动人事争议处理效能。

随着我国经济面临下行压力,供给侧结构性改革力度不断加大,企业单位改革不断深化,劳动人事争议进入多发期,劳动人事争议数量增多与处理难度加大并存,预防化解矛盾纠纷的任务艰巨。为了更好地适应时代的需要,解决现实存在的问题,2017 年,人力资源和社会保障部同八部门联合出台《关于进一步加强劳动人事争议调解仲裁完善多元处理机制的意见》,劳动争议由调解仲裁向预防和调解并举转变,党政相关部门和社会力量积极参与的多元争议处理格局逐步形成。

近年来,面对信息化与大数据的新兴浪潮,调解仲裁工作驶上"互联网+"的快车道。2018 年 7 月,人力资源和社会保障部办公厅印发《"互联网+调解仲裁"2020行动实施计划》，在信息共享、标准规范、体系建设、平台融合、服务模式创新、线上线下一体化等方面深入探索，推动调解仲裁工作朝着更加高效、便捷、优质的方向发展。

除了实践的不断完善，劳动争议的法律解决途径也不断得到丰富。2020年，最高人民法院公布《最高人民法院关于审理劳动争议案件适用法律问题的解释（一）》，彰显了新时代依法高效提升劳动人事争议调处能力的决心。

第三节 发挥企业在构建和谐劳动关系中的重要作用

和谐劳动关系的构建离不开广大企业和职工的积极参与与齐心协力。和谐劳动关系要实现企业与员工之间的合作、融合、共赢。步入新时代，立足新的发展阶段，更要贯彻新发展理念，构建新发展格局。要通过各项举措引导企业自觉弘扬和践行新时代精神，主动承担企业社会责任，引导并督促企业切实保障员工合法合理权益，引导员工增强对企业的责任感、认同感和归属感。要充分调动劳动关系主体双方的积极主动性，打造企业与职工的利益、事业和命运共同体，推动形成"企业得效益、职工得实惠、经济得发展、社会得稳定、和合文化得弘扬"的良好局面。这具体体现在积极树立先进典型、不断加强企业民主管理等方面。

步入新时代后，人力资源和社会保障部联合全国总工会、中国企业家协会等部门和机构，全面落实党中央和国务院关于构建和谐劳动关系的一系列重要决策部署，定期举办相关宣传示范活动，认定示范企业、工业园区，不仅展示了新时代构建和谐劳动关系的重要成果，同时也发挥了先进典型的示范引领作用，使得和谐劳动关系精神在市场内蔚然成风。

企业民主管理在构建和谐劳动关系中发挥了重要作用。2012年4月，国资委、全国总工会等六部门联合发布《企业民主管理规定》，对民主管理的指导思想、基本原则、组织制度做了规定，并设专章对职代会制度、厂务公开制度以及职工董事、职工监事制度做出了规定。2012年11月，党的十八大报告指出"全心全意依靠工人阶级，健全以职工代表大会为基本形式的企事业单位民主管理制度，保障职工参与管理和监督的民主权利"，这体现了职工代表大会等企事业单位民主管理制度作为基层民主的重要组成部分的地位，对于发扬职工主人翁精神、推动企业和谐稳定发展有着重要意义。与此同时，职工代表大会、厂务公开等民主管理制度得到了积极推广与蓬勃发展。党的十九届四中全会强调，健全以职工代表大会为基本形式的企业民主管理制度，探索企业职工参与管理的有效方式，保障职工群众的合法权益，逐步凸显企业管理在推动国家治理能力和治理体系现代化中的重要地位。党的十九大报告和党的二十大报告都指出，"全心全意依靠工人阶级，健全以职工代表大会为基本形式的企事业单位民主管理制度，保障职工参与管理和监督的民主权利"。

第四节　全面深化工会改革以顺应新时代要求

全面深化工会改革，推动工会各项事业不断创新发展，具体体现在工会组织不断增强其政治性、群众性和先进性。

首先，工会组织的政治性体现在工会工作始终围绕党的方针政策展开，贯彻落实党中央的群团工作会议精神。2015 年，中共中央印发《关于加强和改进党的群团工作的意见》。不久后，党中央首次召开党的群团工作会议，深刻阐明了党的群团工作的理论和实践问题。各级工会积极组织落实，坚定不移用习近平新时代中国特色社会主义思想武装职工，并采取各种丰富的形式，如理论宣讲、知识竞赛、劳模宣传、演讲比赛等，坚定职工听党话、跟党走的信心和决心。

其次，工会组织的群众性体现在工会始终为人民服务，提升劳动者素质，切实维护劳动者合法权益等方面。党的十八大以来，习近平总书记对建设高素质劳动队伍寄予厚望，新时代工人阶级在奔小康、实现"中国梦"中的主力军作用和主人翁地位也得到凸显。2017 年，《新时期产业工人队伍建设改革方案》应运而生，努力造就一支有理想守信念、懂技术会创新、敢担当讲奉献的宏大的产业工人队伍的重要性不言而喻。在此方案基础上，习近平总书记亲自谋划推动，产业工人队伍建设改革扎实推进，并在努力实现思想引领、建功立业、素质提升等重点任务的基础上出台实施了一系列政策举措，如《职业技能提升行动方案（2019—2021 年）》《职业教育提质培优行动计划（2020—2023 年）》《关于推行终身职业技能培训制度的意见》等，为提高产业工人社会地位、促进其技能素质大幅提升提供了有力的保障①。党的十九大召开后,《中国工会章程》再次修改,明确指出工会的基本职责之一为"竭诚服务职工群众"。全国各级工会组织积极提高工人阶级的思想觉悟,弘扬新时代劳动价值观,让"中国梦"成为工人阶级的共同奋斗目标。特别地,各级工会坚持以社会主义核心价值观引领职工,不断深化"中国梦·劳动美"主题宣传教育,采取多种形式加强以职业道德为重点的"四德"建设,努力培育担当民族复兴大任的时代新人。同时,党着重强调扎实推进产业工人队伍建设改革、提高产业工人的素质。党的二十大提出"深化工会、共青团、妇联等群团组织改革和建设,有效发挥桥梁纽带作用"。围绕全面建成社会主义现代化强国、以中国式现代化全面推进中华民族伟大复兴的中心任务更好发挥工会作用,就要在坚守工会基本职责的基础上,把保持和增强政治性先进性群众性作为根本标尺深化工会改革和建设②。

最后,工会组织的先进性体现在与时俱进、持续深化上。习近平总书记指出,工会改革是全面深化改革的重要组成部分,要认真贯彻落实党中央关于深化群团改革的决策部署,构建联系广泛、服务职工的工会工作体系。基于此,全国总工会领导各级工会针对导致脱离职工群众的机构设置、管理模式、运行机制、工作方式方法等,持续深化改革。此外,工会改革顺应时代潮流,《中国工运事业和工会工作"十四五"发展规划》中明确指出"工会组织建设呈现新活力",尤其是智慧工会建设取得实质性进展,全国工会实施"互联网+"行动计划,推行"互联网+"工会普惠性服务,不断强化网上工会工作,加强工人队伍建设。如全国总工会建立职工相关数据库,加强产业工人技能培训,建立全国产业工人学习社区,体现了工会建设与时俱进和创新发展。

第五节 劳动关系主体之间的互动

首先,中国共产党不断加强对全国总工会和地方工会的思想领导与组织领导,把习近平新时代中国特色社会主义思想确立为中国工会的指导思想。

---

① 陈刚. 团结动员亿万职工奋进新征程 建功新时代 [J]. 红旗文稿, 2022 (10): 4-8, 1.
② 中共中华全国总工会党组. 围绕党的中心任务更好发挥工会作用 [N]. 人民日报, 2013-01-30.

中国共产党不断加强对工会组织、工人阶级以及企业的政治引领、示范带动和联系服务。作为工运事业发展的又一里程碑事件，中华全国总工会正式将习近平新时代中国特色社会主义思想确立为中国工会的指导思想。针对地方工会，中国共产党坚定依靠政府与各级工会，深入开展和谐劳动关系建设工作，始终坚持党领导工会、以职工为本的原则，坚持加强基层工会建设；以社会主义核心价值观引领职工，与工人阶级建立起紧密的联系。

其次，新时代工会的桥梁和纽带作用日益彰显，企业民主管理程度也不断加强，劳资关系日益和谐。随着数字经济、共享经济等新技术新业态新模式的蓬勃兴起，企业组织形式、管理模式及用工方式等发生深刻变化，劳动关系的确立与运行面临许多新情况新问题。工会加强对企业的引导和监督，企业民主管理事业蓬勃发展。企业与工人阶级之间形成了更加有保障的和谐关系。

最后，工会积极为工人阶级服务、维护工人阶级合法权益、推动劳动保护事业的发展。集体协商机制、劳动关系三方机制以及劳动关系协商协调机制等在此过程中得到不断完善。互利共赢、和谐发展的劳动关系成为新时代劳动关系发展的主旋律。新时代的劳动关系主体实践总结如图9.1所示。

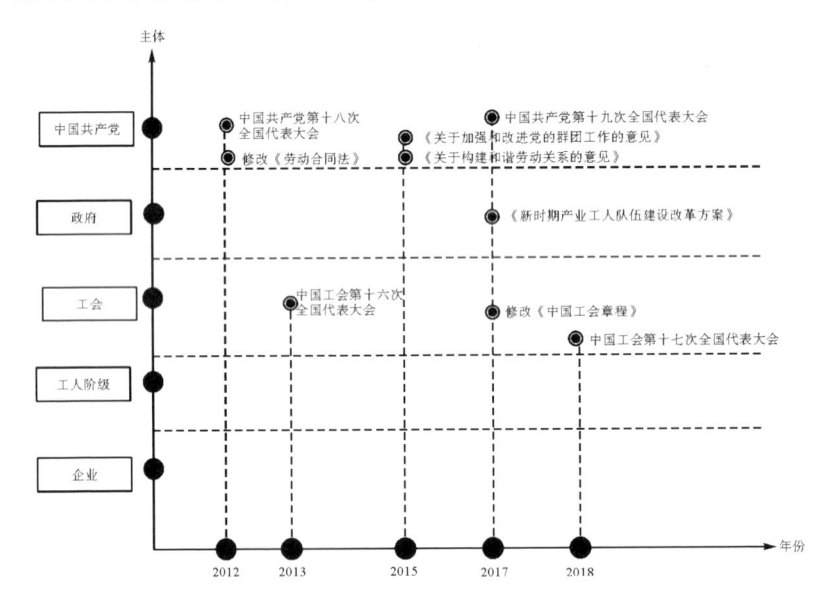

图9.1 新时代劳动关系发展阶段的劳动关系主体实践

资料来源：笔者根据相关文献和资料整理而得。

第十章　新时代劳动关系发展阶段的理论研究

在"第四次创业浪潮"中作用突出的互联网平台创造了一系列新业态模式[1]，如网约车、共享经济、SOHO办公等，这些新业态模式重塑了就业形态与创业形态，也重塑了劳动关系，但同时也带来了诸如劳动者权益保障缺失、劳动关系双方法律存在错位、企业管理策略不适应等问题。

我们从 2012—2021 年劳动关系相关文献中（中文文献 1 614 篇、英文文献 301 篇）甄选出现 20 次以上的关键词，从图 10.1 标签视图中可以看到这一阶段的研究有 5 个群组，研究相对分散。第 1 个群组包含 8 个条目，其中"劳动关系"出现的次数最多，与"新就业形态""共享经济""零工经济""权益保障"等关键词相关联。第 2 个群组主要涉及"集体协商""集体谈判""工会""人力资源管理"等关键词。第 3 个群组主要包含"《劳动合同法》""《劳动法》""劳务派遣""劳动合同"等关键词。其他群组包含"灵活就业""人工智能""体面劳动""农民工"等关键词。可见，劳动法律、工会、集体协商等一直是研究的热点。与此同时，在新时代背景下浮现出"共享经济""零工经济""新就业形态""灵活就业"等新的研究领域。由图 10.2 密度视图可知，"和谐劳动关系""新就业形态""工会""《劳动合同法》"等关键词的密度较大、热度较高。结合标签视图和密度视图的分析，可以发现 2012—2021 年劳动关系研究步入了新时代，出现了以共享经济、零工经济、新就业形态为代表的研究热潮。数字经济的发展对劳动关系治理带来了挑战，平台企业用工方式多样化，新就业形态劳动者的权益保障问题突出。

---

[1] 纪雯雯，赖德胜.从创业到就业：新业态对劳动关系的重塑与挑战：以网络预约出租车为例[J].中国劳动关系学院学报，2016，30（2）：23-28.

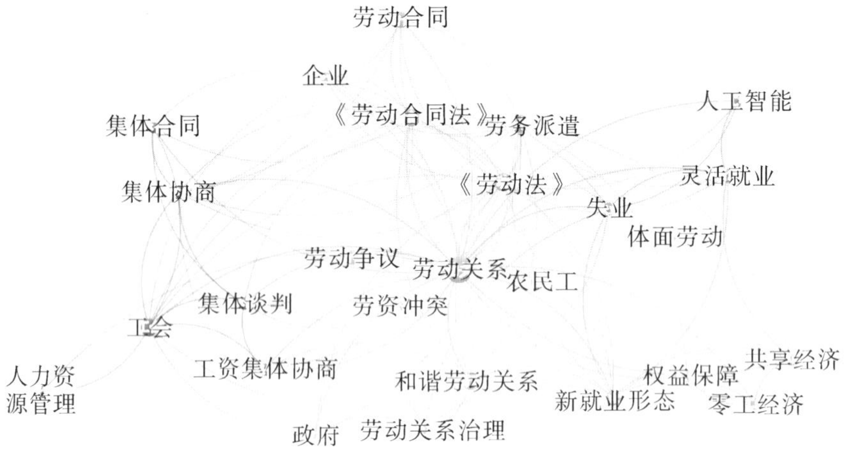

图 10.1 2012—2021 年劳动关系关键词聚类标签视图

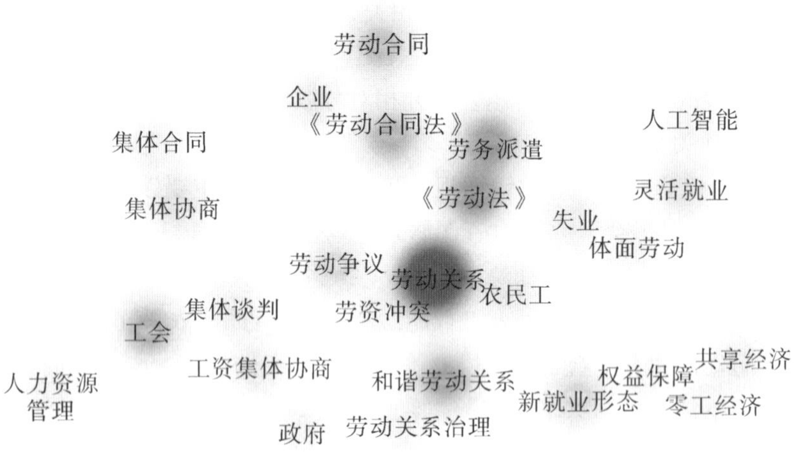

图 10.2 2012—2021 年劳动关系关键词聚类密度视图

第一节 新时代劳动关系治理面临的挑战

国家通过立法的方式对劳动关系总体的运行规则进行规制,这是国家干预的重要形式①。这一阶段学者主要关注《劳动合同法》修订后对劳动关系调整的影响及无法适应新时代发展的困境。自2013年《劳动合同法》修订实施后,实现了劳动合同签订率提高、短期劳动合同减少等立法目的②,有效调节了劳资冲突,增强了劳动者的获得感,有利于构建和谐劳动关系③。然而,一些学者也指出了该法律存在的不足之处。如《劳动合同法》对市场的一些干预是过度的,缺乏有效的经济学逻辑支持④。也有学者认为《劳动合同法》不仅仅是倾斜性保护过度,检视我国《劳动合同法》的解雇保护和强制缔约规定,可见保护过度与不足并存⑤。但也有学者认为这种倾斜性保护在价值判断方面有一定正当性⑥。其他不足之处还包括法律对不同群体,如外国员工⑦、新型经济中的特殊雇员⑧的保护水平存在差异,这些缺陷致使劳动法及相关法律在保护工人权益、缓和劳资关系的作用上大打折扣。除该法律本身的不足外,新时代外部环境的变化使劳动合同法本身的一些概念趋向模糊,也要求更新劳动法的立法理念。近年来,用工形式不断发展,导致法律中定义的"从属性"这一概念的弹性增大⑨。学界对《劳动合同法》的研究既有从法学的角度评价该法律在调

---

① 孟泉,雷晓天."十四五"时期我国劳动关系治理的发展方向与策略选择 [J]. 中国人力资源开发, 2020, 37 (12): 34-44.

② 黎建飞,李静.《劳动合同法》立法博弈与抉择 [J]. 湖南师范大学社会科学学报, 2017, 46 (4): 78-84.

③ GALLAGHER M, GILES J, PARK A, WANG M. China´s 2008 Labor Contract Law: Implementation and implications for China´s workers [J]. Human Relations, 2015, 68 (2): 197-235.

④ 李井奎,朱林可,李钧. 劳动保护与经济效率的权衡:基于实地调研与文献证据的《劳动合同法》研究 [J]. 东岳论丛, 2017, 38 (7): 81-92.

⑤ 沈同仙.《劳动合同法》中劳资利益平衡的再思考:以解雇保护和强制缔约规定为切入点 [J]. 法学杂志, 2017 (1): 57-65.

⑥ 林嘉. 劳动法视野下社会协商制度的构建 [J]. 法学家, 2016 (3): 80-93, 177-178.

⑦ AHL B, CZOSKE P P, XU C. Labour rights protection of foreign employees in China [J]. Asia Pacific Law Review, 2020, 28 (1): 122-137.

⑧ XIE Z. The changing mode of legal regulation of labor relations in China [J]. Social Sciences in China, 2018, 39 (4): 96-113.

⑨ 谢增毅. 用工成本视角下的劳动合同法修改 [J]. 法学杂志, 2017 (11): 66-76.

整劳动关系中发挥的作用，也有从经济学的角度实证分析《劳动合同法》的实施对劳动力市场、劳动者权益产生的影响[①]。但对于同工同酬、过度劳动、平台用工的劳动法律调整等问题的研究尚不充分。

劳动争议调处机制是政府劳动关系治理的另一重要方式。2006年以来，我国劳动争议处理一直处于国家推动的"大调解"格局[②]，但化解劳资利益纠纷的法律体系仍不完善。目前，我国实行的劳动争议处理制度是"一调一裁二审终审"，但重点仍是"调解"，即通过工会内部的上下联动、法律援助促成和解、劳动仲裁加强庭外调解以及法院鼓励诉前联调。显然，这样的制度设计是希望通过调解以及准司法性质的劳动仲裁程序解决部分争议案件，从而节约诉讼成本。然而，这种制度仍存在弊端。一方面，我国当前"强资本弱劳工"的经济社会结构性特征明显，导致调解、仲裁结果具有高度不确定性，降低劳动者对制度化渠道的信心[③]，因此，劳动争议出现向制度外的"涌出"现象，"体制外抗争"成为一种新时代的稳定策略均衡[④]。另一方面，通过对体制内的劳动仲裁机构的案件结果进行观察，其强大的调节能力降低了受理争议的人数规模却并未减少争议发生频率，结果也常是"调而不解"[⑤]。对于改革设想，学者首先考虑将制度外的争议引入制度化轨道，如张妮[⑥]建议借鉴美国集体谈判中的强制性条款建立我国强制协商制度；李干[⑦]建议通过"自赋权"的"工人代表制"进行谈判从而更易把控。关于如何改革制度内的劳动争议调处机制，较有代表性的是徐丽雯[⑧]提出的"调解前置或裁或审各自终局"观点。综

[①] 杜鹏程，徐舒，吴明琴. 劳动保护与农民工福利改善：基于新《劳动合同法》的视角 [J]. 经济研究，2018，53（3）：64-78.

[②] 岳经纶，庄文嘉. 国家调解能力建设：中国劳动争议"大调解"体系的有效性与创新性 [J]. 管理世界，2014（8）：68-77.

[③] 余琴，庄文嘉. 改革开放40年来的劳动立法、地方调解与争议处置：基于劳动争议胜诉率的实证分析 [J]. 中山大学学报（社会科学版），2018，58（3）：171-177.

[④] 李干. 我国集体劳动争议的难题与反思：基于自发罢工向制度外的"涌出"现象 [J]. 宁夏社会科学，2017（1）：69-75.

[⑤] 庄文嘉. "调解优先"能缓解集体性劳动争议吗？：基于1999—2011年省际面板数据的实证检验 [J]. 社会学研究，2013，28（5）：145-171，244-245.

[⑥] 张妮. 群体劳动争议处置中的强制协商问题探讨：兼谈美国集体谈判中强制性条款的借鉴 [J]. 山东社会科学，2018（8）：115-121.

[⑦] 李干. 我国集体劳动争议的难题与反思：基于自发罢工向制度外的"涌出"现象 [J]. 宁夏社会科学，2017（1）：69-75.

[⑧] 徐丽雯. 我国劳动争议处理制度存在的问题与完善之策 [J]. 北京行政学院学报，2014（2）：91-96.

上所述，劳动争议调处机制的研究仍然以规范研究为主，深入的实证研究尚不充分，且以制度分析为主，强调制度的决定性作用，而忽视了劳资双方的意识和策略对劳动争议处理效果的影响。

针对数字经济时代平台劳动关系的治理问题，首先，一些学者提出了应该转变平台用工关系的治理思路，从传统劳动关系理论、双边市场理论，转变为基于利益相关者理论的视角，兼顾平台的创新与从业者的保护[1]。其次，一些学者研究了互联网平台用工关系对政府劳动关系带来的具体挑战，包括就业数据统计、劳动关系认定、社会保险、政府治理能力等方面[2]。最后，针对这些挑战，一些学者提出了一系列治理措施。具体而言，包括探索能平衡劳动者权益保障与新就业形态发展的职业伤害保障制度、工伤保险、养老和医疗保险政策[3][4]；通过行业或地方工会与行业协会集体协商的方式，改变平台劳动者分散化带来的不利影响，重点在定价规则、规则时间、奖惩机制、利益分配等方面进行协商[5][6]；构建多方协同治理体系，加强政府的数字监管能力，发挥行业的自律引导作用，明确企业的具体责任，提供劳动者利益表达渠道[7]。目前关于平台用工关系治理的研究相对较少，尽管也有人提出了一系列的改进措施，但大多停留在政策层面，缺少对具体方案的深入研究，且缺少政府如何与其他主体互动共同治理的研究。

---

[1] 陈徽波. 互联网平台用工关系治理的理论建构：三种理论视角的比较与反思［J］. 社会科学，2021（10）：80-86.

[2] 郭玮. 新业态用工治理与政策创新［J］. 中国人事科学，2020（5）：12-19.

[3] 孟泉，雷晓天. "十四五"时期我国劳动关系治理的发展方向与策略选择［J］. 中国人力资源开发，2020，37（12）：34-44.

[4] 王伟进，王天玉，冯文猛. 数字经济时代平台用工的劳动保护和劳动关系治理［J］. 行政管理改革，2022（2）：52-60.

[5] 吴清军，张艺园，周广肃. 互联网平台用工与劳动政策未来发展趋势：以劳动者身份判定为基础的分析［J］. 中国行政管理，2019（4）：116-123.

[6] 王伟进，王天玉，冯文猛. 数字经济时代平台用工的劳动保护和劳动关系治理［J］. 行政管理改革，2022（2）：52-60.

[7] 郭玮. 新业态用工治理与政策创新［J］. 中国人事科学，2020（5）：12-19.

第二节 企业多样化劳动关系管理策略研究

从 2013 年至今,在经济社会转型的背景下,我国的劳动关系矛盾集中在企业层面且呈现多发特点[1]。除工会需要做出切实改革的努力之外,对企业劳动关系管理也同样提出了新的挑战,要求企业能够采用比以往更加多样化的管理策略。

由于传统企业劳动关系管理仍然存在诸多问题,不少学者从不同性质的企业出发,探讨企业构建和谐劳动关系的策略和路径。现阶段大多数国有企业已经完成改制工作,但仍然存在用工制度不公平、内部工资收入差距大、缺乏利益表达渠道等问题[2]。国有企业的管理体制改革要利用自身的优势创造出新型的劳动关系,这表现为构建民主化的管理体系和公正化的薪酬体系,并加强集体协商制度和三方协商机制的建设[3]。私营企业的劳资关系日趋紧张,并呈现出一种冲突加剧、资方单边获利、劳动者权益明显受损的失衡格局[4]。这需要政府、企业、工会等多个主体共同参与,如政府需要完善劳动法律法规,健全劳动关系三方协调机制,工会应该积极发挥维权职能,建立基于新技术的劳动者利益表达渠道和高效的劳动争议调处机制[5]。也有学者通过对工厂的实地调研发现,法律不仅是劳动者维权的依据,也是企业重要的劳资互动策略资源,成为预防工人提出争议的重要工具[6]。以往对不同性质企业劳动关系状况的研究大部分是基于对总体情况的一般性描述,或只是针对某个企业或某个地区的调研,且缺少

---

[1] 杨丽君, 唐伶. 我国劳动关系的调整机制研究:基于一元论的方法 [J]. 企业经济, 2017, 36 (2): 88-95.

[2] 刘洋. 改制后国有企业的劳动关系:现状、问题与协调治理路径 [J]. 教学与研究, 2018 (7): 33-43.

[3] 韩喜平, 周颖. 新常态下国有企业和谐劳动关系的构建 [J]. 理论探索, 2016 (1): 75-79.

[4] 陈仁涛. 试论我国非公有制企业和谐劳资关系之构建 [J]. 学术交流, 2013 (6): 54-59.

[5] 徐景一, 于桂兰. 新时代民营企业劳动关系协调机制创新路径研究 [J]. 社会科学辑刊, 2019 (5): 120-127.

[6] 赵波. "以法之名":企业劳动关系管理中的制度化策略 [J]. 中国人力资源开发, 2020, 37 (2): 104-113, 123.

根据不同性质企业具体问题的针对性策略。尽管有学者从劳动关系和谐度[1]、企业劳动关系的员工满意度[2]等角度构建指标体系，对全国多个地区的企业劳动关系现状进行调查，但由于评价指标不一致，得出的结论存在较大的差异。

针对新时代出现的各类平台企业，学者重点从管理特点、管理方式和改进措施等方面对平台企业的用工管理开展研究。平台企业用工方式呈现时间弹性化、合作远程化、用工数据化等特征[3]。平台企业通过该用工形式规避政府监管，将风险转嫁给劳动者[4]，劳动者由此丧失了必要的劳动权利。从表面上看，新型用工形式赋予了劳动者自由的工作地点与弹性的工作时间，但这并不能遮掩其对劳动者进行更深层次剥削的本质。数字劳动的新趋势是"去劳动关系化"，这成为资本追求剩余价值的工具[5]。在互联网大数据时代，资本方通过对劳动过程的算法控制对劳动者进行更深层次的剥削[6]，通过日益模糊的工作边界，提高劳动力的商品化程度，最终加剧了对数字劳动者的剥削[7]。Wu 和 Li[8]指出平台公司通过人力资源系统设计控制劳动过程并使工人产生工作同意，这种工作同意很可能转化为过度劳动。但由于"组织"情境的消失与劳动者的分散性，劳动者使用集体争议作为自身保障方式的能力被削弱。

一些学者从不同视角出发，对非典型雇佣的用工形式进行分类研究。如蒋建武[9]基于管理控制视角，将用工类型分为直接雇佣、共同雇佣和合

---

[1] 谢玉华，张群艳，王瑞. 企业劳动关系和谐度与员工工作绩效的实证研究［J］. 湖南大学学报（社会科学版），2012，26（1）：66-70.

[2] 袁凌，贾玲玲，李健. 企业劳动关系的员工满意度调查与评价［J］. 系统工程，2014，32（5）：29-36.

[3] 杨伟国，王琦. 数字平台工作参与群体：劳动供给及影响因素：基于 U 平台网约车司机的证据［J］. 人口研究，2018，42（4）：78-90.

[4] 崔学东，曹樱凡. "共享经济"还是"零工经济"?：后工业与金融资本主义下的积累与雇佣劳动关系［J］. 政治经济学评论，2019，10（1）：22-36.

[5] 韩文龙，刘璐. 数字劳动过程中的"去劳动关系化"现象、本质与中国应对［J］. 当代经济研究，2020（10）：15-23.

[6] QI H，LI Z. Putting precarity back to production：A case study of Didi Kuaiche drivers in the City of Nanjing，China［J］. Review of Radical Political Economics，2020，52（3）：506-522.

[7] 李策划. 互联网时代数字劳动的政治经济学分析［J］. 改革与战略，2020，36（3）：34-43.

[8] WU Q，LI Z. Labor control and task autonomy under the sharing economy：a mixed-method study of drivers' work［J］. The Journal of Chinese Sociology，2019，6（1）：1-21.

[9] 蒋建武. 雇佣关系变革下的多样化用工安排：管理控制视角的研究［J］. 经济管理，2016，38（4）：159-167.

约用工三种类型，探讨不同类型中劳动者和管理者的态度和行为。裴嘉良等[1]基于动态能力理论，提炼出共享经济下新型非典型雇佣的四种策略，即众包分布式、在线匹配式、自主竞争式和外包集约式。针对零工工作者的人力资源管理，有学者提出企业要主动承担社会责任并完善人力资源管理系统，形成平台与劳动者共同发展的良性发展模式[2]，明确平台雇佣关系主体、实行适度的"严进宽管"制度、加强心理契约建设等对策[3]。然而，目前对于平台企业用工管理的研究对象主要集中于低技能的新就业形态劳动者，且缺少从微观层面对平台算法管理、劳动控制等策略如何影响劳动者心理和行为的实证研究。

此外，学者从更加微观个体的层面出发，基于不同类型企业的劳动关系管理实践，探讨了管理方式对企业和劳工个体的影响。首先，针对国外情境下中国雇主的管理实践，研究者多集中于讨论文化差异对劳动关系的影响。这种文化差异导致的沟通不畅与从中国迁移过去的严格的工作制度[4]都使得中国雇主在当地评价较低，劳资关系较紧张。不过，Sass等人[5]在研究中指出，随着时间的推移，中国海外企业劳动关系管理策略会越发占据主导地位。其次，对国内的研究主要集中在大企业的管理策略及其对员工态度和行为的影响上。在企业劳动关系管理策略选择上，Huang和Verma[6]发现行业级别因素同样会对企业的劳动关系管理策略产生影响，Chu和Fang[7]发现了经济政策的不确定性对企业劳动力投资的负面影响。

---

[1] 裴嘉良，刘善仕，蒋建武，等. 共享经济下新型非典型雇佣策略研究：基于动态能力视角[J]. 中国人力资源开发，2021，38（7）：109-124.

[2] 吴清军，杨伟国. 共享经济与平台人力资本管理体系：对劳动力资源与平台工作的再认识[J]. 中国人力资源开发，2018，35（6）：101-108.

[3] 龙立荣，梁佳佳，董婧霓. 平台零工工作者的人力资源管理：挑战与对策[J]. 中国人力资源开发，2021，38（10）：6-19.

[4] COOKE F, WANG D, WANG J. State capitalism in construction: Staffing practices and labour relations of Chinese construction firms in Africa (Article) [J]. Journal of Industrial Relations, 2018 (1): 77-100.

[5] SASS M, SZUNOMAR A, Gubik A, et al. Employee Relations at Asian Subsidiaries in Hungary: Do Home or Host Country Factors Dominate? [J]. Intersections-East European Journal of Society and Politics, 2019, 5 (3): 23-47.

[6] HUANG X, VERMA A. Industry- and firm-level determinants of employment relations in China: a two-level analysis [J]. International Journal of Human Resource Management, 2018, 29 (2): 399-419.

[7] CHU J, FANG J. Economic policy uncertainty and firms' labor investment decision [J]. China Finance Review International, 2021, 11 (1): 73-91.

在具体的劳动关系管理策略上，学者们一直关注国有大型企业的管理策略。直至今天，大公司的一些劳动关系管理策略仍旧受到学者们的批评。研究发现，企业同国家一起对工人进行剥削[1][2]。Tang 和 Zhang[3] 指责中国船员机构采取的特殊本地劳动控制制度重新建立了不自由的劳动关系。再次，新兴的平台类公司与其新颖的用工形式也吸引了研究者的关注。多数研究者表示，平台类企业利用自身优势建立的劳动制度对工人进行剥削[4]。Wu 和 Li[5] 指出平台类公司通过人力资源系统设计控制劳动过程并使工人产生工作同意，这种工作同意很可能转化为过度劳动。最后，在管理策略对工人态度与行为以及劳动关系影响的实证研究中，Cheung 和 Wu[6] 认为有效的参与式管理充分中介了领导—成员交换对劳动关系气氛开放性和冷漠性维度的影响。Huang 等人[7]同样关注参与式管理，指出员工对民主管理的感知效力与更广泛的组织承诺之间存在积极关系。

第三节　新就业形态劳动者权益保障研究

随着互联网平台的快速发展，新就业形态劳动者的数量不断增加，其权益保障问题成为学术界关注的热点问题，目前的研究主要集中在两个方面。

首先，关于新就业形态劳动者劳动关系认定的研究。目前学术界存在

---

[1] LÜTHJE B, BUTOLLO F. Why the Foxconn model does not die: Production networks and labour relations in the IT industry in South China [J]. Globalizations, 2017, 14 (2): 216-231.

[2] SWIDER S. Building China: precarious employment among migrant construction workers [J]. Work, employment and society, 2015, 29 (1): 41-59.

[3] TANG L, ZHANG P. Global problems, local solutions: unfree labour relations and seafarer employment with crewing agencies in China [J]. Industrial Relations Journal, 2019, 50 (3): 277-291.

[4] QI H, LI Z. Putting precarity back to production: A case study of Didi Kuaiche drivers in the City of Nanjing, China [J]. Review of Radical Political Economics, 2020, 52 (3): 506-522.

[5] WU Q, LI Z. Labor control and task autonomy under the sharing economy: a mixed-method study of drivers' work [J]. The Journal of Chinese Sociology, 2019, 6 (1): 1-21.

[6] CHEUNG M, WU W. Leader-member exchange and industrial relations climate: mediating of participatory management in China [J]. Asia Pacific Journal of Human Resources, 2014 (2): 255-275.

[7] HUANG W. Responsible pay: managing compliance, organizational efficiency and fairness in the choice of pay systems in China's automotive companies [J]. International Journal of Human Resource Management, 2016, 27 (18): 2161-2181.

三种观点。一些学者认为在我国现行制度框架下，不应认定基于互联网平台提供的劳务属于劳动关系[1]，而应当判定为劳务合作关系[2]。另一些学者认为平台企业对平台劳动者进行了实质上的控制，仍然符合从属性特点，应该认定存在劳动雇佣关系[3][4]。还有学者认为平台企业与平台劳动者之间存在"第三类劳动关系"，即在劳动者和劳务提供者之间具有经济依赖性的劳务提供者[5][6]，但也有学者提出第三类劳动者在我国缺乏适用性和可行性，应该确定具体身份和职业劳动者的特别规制需求[7]。由此可见，学术界尚未对新就业形态劳动者的劳动关系认定达成共识。平台就业形式多样，仅仅只用一种类型来规范所有平台用工关系是不符合现实需求的，应该根据不同类型的平台就业确定具体的用工性质。

其次，关于新就业形态劳动者权益保障问题与对策的研究。虽然新就业形态劳动者的工作灵活性较强，但存在劳动关系模糊、工作时间过长、社会保险缺失和平台控制加强等问题[8][9][10]。以往研究重点关注新就业形态劳动者的社会保险权和职业安全健康权。社会保险权是最受关注的劳动权益。现有的社会保险权是与劳动关系挂钩的，而新就业形态劳动者没有签订劳动合同，社会保障缺失导致其面临较大的劳动风险。一些地区开始试点职业伤害保障。王天玉[11]对"直接参加工伤保险""单独工伤保险""非工伤保险"等职业伤害保障试点方案进行了比较和评价，认为目前的试点存在合法性不足、自愿参保模式无法实现有效保障，职业伤害认定尚未超

---

[1] 王天玉. 基于互联网平台提供劳务的劳动关系认定：以"e代驾"在京、沪、穗三地法院的判决为切入点 [J]. 法学杂志, 2016 (6)：50-60.

[2] 彭倩文, 曹大友. 是劳动关系还是劳务关系？：以滴滴出行为例解析中国情境下互联网约租车平台的雇佣关系 [J]. 中国人力资源开发, 2016 (2)：93-97.

[3] 常凯, 郑小静. 雇佣关系还是合作关系？：互联网经济中用工关系性质辨析 [J]. 中国人民大学学报, 2019, 33 (2)：78-88.

[4] 谢增毅. 互联网平台用工劳动关系认定 [J]. 中外法学, 2018, 30 (6)：1546-1569.

[5] 盖建华. 共享经济下"类劳动者"法律主体的制度设计 [J]. 改革, 2018 (4)：102-109.

[6] 涂永前. 应对灵活用工的劳动法制度重构 [J]. 中国法学, 2018 (5)：216-234.

[7] 肖竹. 第三类劳动者的理论反思与替代路径 [J]. 环球法律评论, 2018, 40 (6)：79-100.

[8] 杨滨伊, 孟泉. 多样选择与灵活的两面性：零工经济研究中的争论与悖论 [J]. 中国人力资源开发, 2020, 37 (3)：102-114.

[9] 陈龙. "数字控制"下的劳动秩序：外卖骑手的劳动控制研究 [J]. 社会学研究, 2020, 35 (6)：113-135, 244.

[10] 常凯. 平台企业用工关系的性质特点及其法律规制 [J]. 中国法律评论, 2021 (4)：31-42.

[11] 王天玉. 试点的价值：平台灵活就业人员职业伤害保障的制度约束 [J]. 中国法律评论, 2021 (4)：51-60.

越工伤保险等问题。有学者建议将社会保险与劳动关系脱钩，完善职业伤害保险制度[1][2]。具体而言，一些学者建议将购买工伤保险作为平台企业的法定义务，但应合理设置缴费基数和费率，而对于其他社会保险，由平台企业与劳动者协商解决[3]或者强制新就业形态劳动者参加职工基本医疗保险，作为职业伤害损失的补充，但不应强制其参加基本养老保险和失业保险[4]；另一些学者建议逐步试点采用综合保障模式，建立新就业形态劳动者的社会保障统筹账户[5]。然而，目前的研究主要集中在提出可能的社会保险或职业伤害保障方案，而对不同方案的可行性和适用性的比较研究较少，且对于目前实行试点方案效果评价的实证研究也较为欠缺。

职业安全健康权是重要的劳动权益。尽管新就业形态劳动者具有一定的工作自主性，但伴随着平台企业对其实行的隐蔽劳动控制，呈现出自主性悖论的现象[6][7]，表现为劳动者自主选择提高劳动强度，严重影响劳动者的身心健康。例如冯向楠和詹婧[8]对北京市的外卖骑手进行调研后发现，每天工作8小时以上的骑手占88.12%，大部分骑手为了提高劳动收入而采用延长劳动时间的方式增加送单量。然而，对于平台工作如何确定最长工作时间、延长工时标准和劳动基准以保障劳动者的职业安全健康的研究尚处于探索阶段。总体而言，目前大部分研究围绕新就业形态劳动者的个别劳动权益，较少从集体劳动权的角度探讨维护平台劳动者的权益。

---

[1] 问清泓. 共享经济下社会保险制度创新研究 [J]. 社会科学研究，2019 (1)：86-98.
[2] 苏炜杰. 我国新业态从业人员职业伤害保险制度：模式选择与构建思路 [J]. 中国人力资源开发，2021, 38 (3)：74-90.
[3] 羿晶. "共享经济"时代非典型劳动者权益保护研究 [J]. 学习与实践，2020 (7)：87-91.
[4] 娄宇. 平台经济从业者社会保险法律制度的构建 [J]. 法学研究，2020, 42 (2)：190-208.
[5] 王立剑. 共享经济平台个体经营者用工关系及社会保障实践困境研究 [J]. 社会保障评论，2021, 5 (3)：12-22.
[6] 陈龙. "数字控制"下的劳动秩序：外卖骑手的劳动控制研究 [J]. 社会学研究，2020, 35 (6)：113-135, 244.
[7] 刘善仕，裴嘉良，钟楚燕. 平台工作自主吗？在线劳动平台算法管理对工作自主性的影响 [J]. 外国经济与管理，2021, 43 (2)：51-67.
[8] 冯向楠，詹婧. 人工智能时代互联网平台劳动过程研究：以平台外卖骑手为例 [J]. 社会发展研究，2019, 6 (3)：61-83, 243.

第四节　工会改革实践与新就业形态下的维权路径研究

近年来，针对工会维权能力不足、生存空间受限等问题，学者们探讨了工会改革的路径和维权的效果。例如，有学者从企业工会能动性的角度出发，发现企业工会可以通过发挥能动性创造劳资之间的竞合空间，进而使企业工会具备了多元的身份定位，获得了稳定的生存空间，以实现代表性和组织发展之间的平衡[1]。但也有学者认为企业工会较难履行维护职能，进而探索由上级工会推动企业工会改革的"上代下"制度。例如有学者通过对深圳市工会改革的实践分析发现，上级工会参与集体劳资事件处置、企业工会直选和建设源头治理劳资纠纷试验区是不错的选择[2]；深圳市试验区工联会通过工会系统内部的主动实践进行工会改革以增强基层工会的力量[3]。还有一些地方工会借助地方政府和相关部门的力量来履行职责[4]。然而，这些研究大部分聚焦于某个层级的工会，对于不同层级工会的职责分工、不同层级工会与其他组织的协调等问题仍需要进一步研究。

针对工会是否能有效保障职工权益的问题，学者们开展了一系列实证研究，但目前的研究结论并不一致。一些学者运用大型的调查数据发现，工会能够保障外来工的最低工资、社会保险等最基本的权益，但对工资增长、工作时间等"增长型权益"没有显著作用[5][6]。而另一些研究发现工

---

[1] 孟泉. 竞合空间与生存空间：企业工会可持续能动性的运作逻辑 [J]. 中国人力资源开发, 2021, 38 (2)：95-112.

[2] 闻效仪. "上代下"：工会改革逻辑与多样化类型 [J]. 社会学评论, 2020, 8 (5)：18-34.

[3] 岳经纶, 陈泳欣. 超越统合主义？社会治理创新时期的工会改革：基于深圳市试验区工联会的实践 [J]. 学术研究, 2018 (10)：51-58.

[4] 吴建平. 地方工会"借力"运作的过程、条件及局限 [J]. 社会学研究, 2017, 32 (2)：103-127, 244.

[5] 孙中伟, 贺霞旭. 工会建设与外来工劳动权益保护：兼论一种"稻草人机制" [J]. 管理世界, 2012 (12)：46-60, 81.

[6] 曾湘泉, 陈思宇. 工会是否改善了外来工非货币性福利 [J]. 学术研究, 2020 (1)：79-86, 177.

会能提高劳动者的工资收入①，改善企业雇佣期限结构②，能有效维护员工的就业和职业培训权利，但是对员工的社会保险和休息权利没有显著影响③。目前的研究结论不一致，一方面可能是所使用的数据存在差异，一些研究只使用某一个地区的数据或只关注某一个特殊的群体，容易产生样本选择偏差，且大部分研究使用的是 2017 年之前的数据，难以体现工会改革的最新成效；另一方面也可能存在内生性问题，因为随着劳资双方维权意识的提高，也能促进对劳动权益的维护④，从而无法明确工会是否发挥了作用。

工会如何切实维护新就业形态劳动者的权益，成为新时代工会面临的新挑战。已有研究发现我国工会主要依托企业工会和地方工会，以实体组织为主的维权方式，难以适应新就业形态跨地区、无边界、流动性强和灵活多样的特点，使得劳动者难以加入工会⑤。一些学者提出了工会的应对措施，如创新"互联网+工会"入会方式、建立行业工会等吸纳新就业形态劳动者，维护劳动报酬、社会保险、职业安全等基本权益；建立与平台企业的沟通机制，维护劳动者的知情权和参与权；发挥监督职能，督促平台企业规范劳动关系管理；加强工会源头参与，提供法律建设的方案等⑥⑦。这些研究提供了新就业形态下工会维权职能发挥的路径，但针对具体工会实践的案例研究较少，实际上已经有一些地方工会，如深圳工会采取了建设工会联合会、"劳动者爱心角"等方式，为新就业形态劳动者提供维权服务。新时代劳动关系的发展研究概括如表 10.1 所示。

---

① 汤灿晴，董志强. 工会能促进员工—企业"双赢"吗：理论与来自"雇主—员工"匹配数据的经验证据 [J]. 学术研究，2020（1）：94-102.

② 魏下海，董志强，金钊. 工会改善了企业雇佣期限结构吗?：来自全国民营企业抽样调查的经验证据 [J]. 管理世界，2015（5）：52-62.

③ 程虹，王越. 工会维权与员工的消极性权利：基于中国企业—劳动力匹配调查数据的实证检验 [J]. 暨南学报（哲学社会科学版），2018，40（4）：74-87.

④ 李光勤，曹建华，邵帅. 维权、工会与工资上涨 [J]. 经济学动态，2017（5）：41-52.

⑤ 班小辉. 超越劳动关系：平台经济下集体劳动权的扩张及路径 [J]. 法学杂志，2020（8）：160-175.

⑥ 张成刚，冯丽君. 工会视角下新就业形态的劳动关系问题及对策 [J]. 中国劳动关系学院学报，2019，33（6）：106-114.

⑦ 王全兴，王茜. 我国"网约工"的劳动关系认定及权益保护 [J]. 法学杂志，2018（4）：57-72.

表 10.1 新时代劳动关系发展研究

研究主题	核心观点
新时代对劳动关系治理的挑战	·劳动法律调整劳动关系研究：关注《劳动合同法》修订对劳动关系调整的积极影响和不足之处 ·"大调解"式的劳动争议调处机制研究："大调解"式争议处理方式的特点、存在的弊端和改革设想 ·互联网平台用工关系治理研究：平台用工关系治理视角的改变；平台用工关系对政府治理带来的挑战；具体应对措施
企业多样化的劳动关系管理策略	·传统企业的劳动关系管理策略研究：国有企业存在用工制度不公平、内部工资收入差距大、缺乏利益表达渠道问题，要利用自身的优势创造出新型劳动关系；私营企业的劳资关系日趋紧张，需要政府、企业、工会多个主体共同参与 ·平台企业用工管理研究：从管理特点、管理方式和改进措施等方面进行研究 ·管理方式对企业和劳工个体的影响
新就业形态劳动者权益保障	·新就业形态劳动者劳动关系认定三种观点：应当判定为劳务合作关系；存在劳动雇佣关系；存在"第三类劳动关系" ·关注社会保险权、职业安全健康权、集体劳动权
工会改革实践与新就业形态下的维权路径研究	·工会改革路径研究：发挥企业工会能动性；上级工会推动企业工会改革的"上代下"制度；地方工会借力策略；工会维护了劳动者的部分权益 ·新就业形态下的工会维权路径研究：创新入会方式、建立与平台企业的沟通机制、发挥监督职能、加强工会源头参与

资料来源：笔者根据相关文献和资料整理而得。

第六篇

结论与展望

第十一章 结论

本书对我国劳动关系的实践探索和理论研究进行了系统梳理，以下分别总结劳动关系实践探索和理论研究的总体演进过程。

一、劳动关系实践探索的演进过程

我国劳动关系主体之间的互动表现出阶段性与历史性，呈现出党与工人阶级关系日趋紧密、各劳动关系主体间互动日益增多、工会职能日益明晰完善的特点。

在劳动关系初建阶段，中国共产党加强对工会和工人阶级的领导，在社会主义实践的道路上不断探索，发展工会民主和企业民主。同时，全国总工会和地方工会的关系逐渐理清，明确了全国总工会、地方工会与工人阶级的关系。各级工会带领工人阶级积极响应国家建设社会主义的号召，劳动关系主体之间的互动逐渐增多。

在劳动关系多元化阶段，改革和开放并举，共同创造了国内经济的繁荣和新生经济力量在中国的发展。多种所有制企业在中国繁荣发展，工会和政府积极帮助企业适应新的中国市场环境，劳资关系逐渐复杂化，政府部门的监管作用明显提升，但是劳动者处于相对弱势地位，企业民主管理有待提升。

在新型劳动体制建立阶段，国家市场环境更加复杂，党和国家更加重视劳动者权益的保护，维护劳动阶级权益。劳动制度开始逐步法制化并初步建立，多项劳动关系领域的法律出台，形成了劳动法制体系的基本框架。同时，不断推进企业民主管理事业的发展，职工代表大会制度、集体协商等民主制度不断完善，推动了企业民主管理的发展和新型劳动关系的建立。

在劳动关系协调发展阶段，中国的劳资关系有了明显的改善。国家更加重视工人阶级权益的保护，劳动法制体系不断完善，在这一时期形成了更加细化的法律体系。工会组织也不断完善，企业工会的建立有了明确的要求。企业基层工会的建立推动了企业民主的进一步发展，使得工人阶级和工会联系更加紧密。此外，工会不断完善劳动制度法制化，先后参与了60多部劳动领域相关法律的制定。党和国家积极倡导劳模精神、强调和谐劳动关系的构建，劳资关系呈现出和谐共赢的特点。

在新时代劳动关系发展阶段，中国共产党重视并加强对各级工会与工运事业的领导，大力弘扬新时代劳动价值观，并在完善劳动法律制度、加强劳动保障监察、完善劳动争议调解仲裁制度等法制建设方面持续发力以推动和谐劳动关系的构建。工会更加充分地发挥企业与劳动群体之间的桥梁作用，并深化改革以顺应新时代的要求。在劳动关系各领域，多元参与的趋势日益凸显，劳动关系主体之间的互动更加明显。中国劳动关系的实践探索如图 11.1 所示。

二、劳动关系理论研究的演进过程

根据我国各个阶段劳动关系研究的主题，我们进一步总结归纳我国劳动关系核心研究主题的演进过程，如图 11.2 所示。

在劳动关系初建阶段，研究者主要关注社会制度的建立促进平等互助劳动关系的形成、国营企业劳动关系管理、劳动者基础工资权益保障、劳动价值理论研究等方面。在劳动关系多元化阶段，研究者聚焦改革开放对多元化劳动关系治理的影响、不同所有制企业的劳动关系管理策略、多样化的劳动权益保障渠道、劳动法出台前的研讨与论证、劳动争议处理机制的初探。在新型劳动体制建立阶段，研究主题是劳动体制改革对劳动关系协调机制的影响、国有企业劳动关系管理策略、下岗职工的劳动权益保障、劳动法的实施与现存问题。在劳动关系协调发展阶段，学者们主要研究了和谐劳动关系建设目标对劳动关系治理的影响、企业和谐劳动关系的构建、非正规就业者的劳动权益保障、《劳动合同法》对劳动关系的调整等。在新时代劳动关系发展阶段，研究者主要关注新时代劳动关系治理面临的挑战、企业多样化劳动关系的管理策略、新就业形态劳动者的权益保障、工会改革实践与新就业形态下的维权路径等。

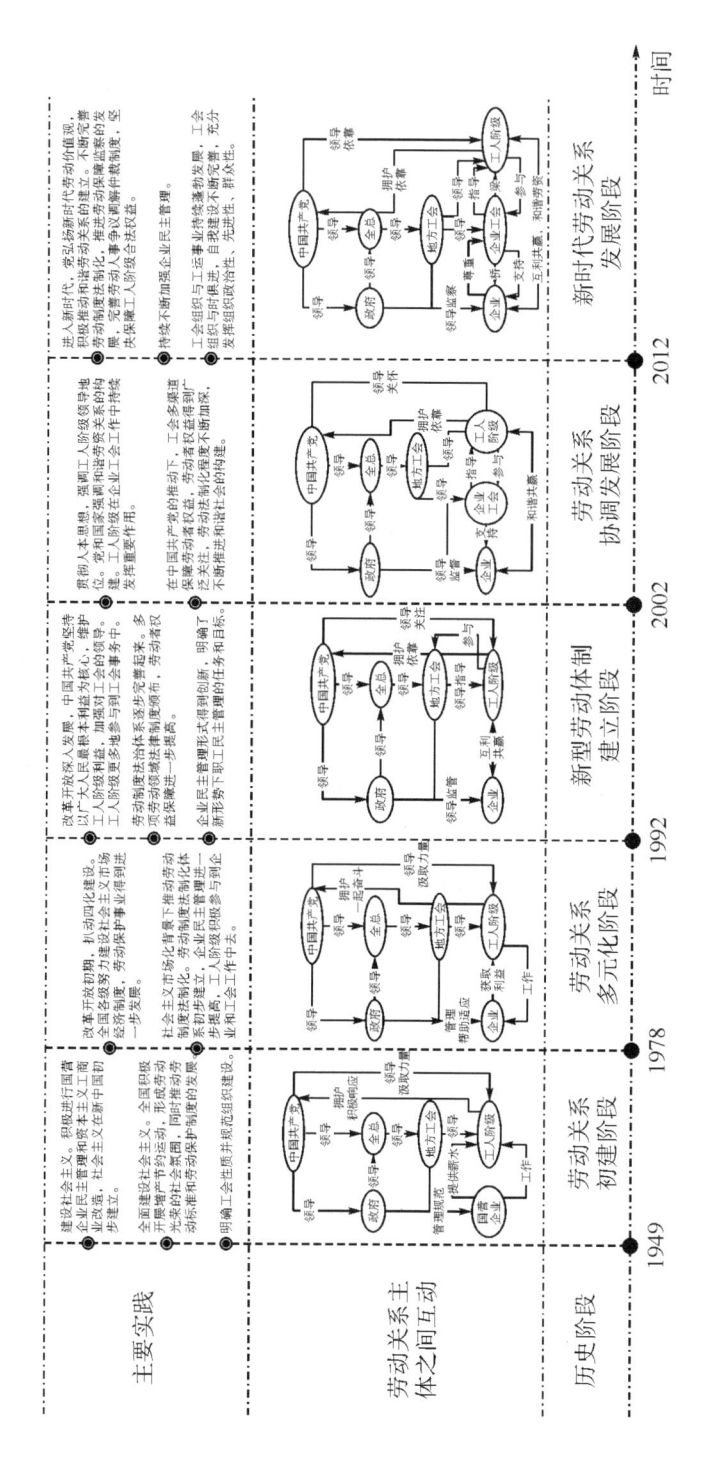

图11.1 中国劳动关系百年发展演进脉络

	阶段一 劳动关系 初建阶段	阶段二 劳动关系 多元化阶段	阶段三 新型劳动体制 建立阶段	阶段四 劳动关系 协调发展阶段	阶段五 新时代劳动关系 发展阶段
制度环境 对劳动关系 治理的影响	社会主义制度 促进平等互助劳动 关系的形成	改革开放对 多元化劳动关系 治理的影响	劳动体制改革 对劳动关系协调 机制的影响	和谐劳动关系目标 对劳动关系 治理的影响	新时代劳动关系 治理面临的挑战
企业劳动关系 管理	国营企业劳动 关系管理变革	不同所有制企业 的劳动关系管理 策略	国有企业劳动 关系管理策略	企业和谐劳动 关系的构建	平台企业劳动 关系管理
劳动权益保障	劳动者基础 工资权益保障	多样化的劳动 权益保障渠道	下岗职工的劳动 权益保障	非正规就业者的 劳动权益保障	新就业形态劳动者 的权益保障
年份	1949	1978	1992	2002	2012

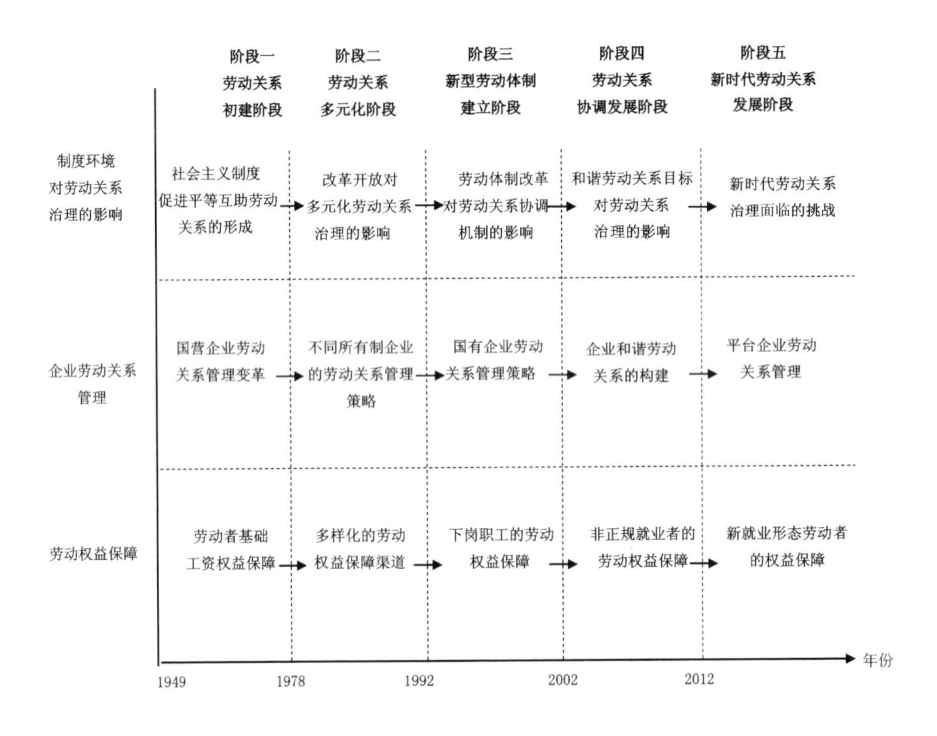

图 11.2 我国劳动关系研究的演进过程

资料来源：笔者根据相关文献资料整理而得。

通过对比，我们发现各个阶段的研究都包含了制度环境对劳动关系治理的影响、企业劳动关系管理和劳动权益保障这三个核心主题，但不同的阶段有不同的侧重点。首先，不同阶段的制度环境对劳动关系治理产生了不同的影响。如在劳动关系初建阶段，关注平等互助劳动关系的建立；在劳动关系多元化阶段，关注多元化劳动关系的治理问题。其次，企业作为劳动关系的核心主体之一，一直是学术界研究的重点对象，但不同阶段关注的焦点不同。如在新型劳动体制建立阶段，更关注国有企业改革带来的劳动关系管理问题；在新时代劳动关系发展阶段，更关注平台企业的用工方式变化带来的劳动关系管理策略变化。最后，在不同阶段，劳动者权益保障问题都是研究的核心主题，但不同阶段关注的重点群体有所差异。如在劳动关系协调发展阶段，主要关注非正规就业者的劳动权益保障；在新时代劳动关系发展阶段，主要关注新就业形态劳动者的权益保障。

第十二章 展望

第一节 中国情境下劳动关系研究展望

劳动关系系统理论认为劳动关系的主体包括劳动者、政府和企业；劳动关系的外部环境包括工作场所和工作团体的技术条件、市场或预算约束、整个社会系统的权利所在和分配；劳动关系也受到意识形态的影响，往往在很大程度上影响劳动关系系统的运作。劳动关系最终产出一系列规则，即用来约束行为者在工作场所雇佣关系的规章制度。通过对我国劳动关系研究的回顾，我们发现在不同历史阶段，劳动关系的外部环境如制度环境会对劳动关系系统产生影响。同时，在不同阶段，劳动关系的主体呈现不同的研究重点，如劳动者在不同的阶段有不同的特点和诉求，不同类型的企业在不同阶段采用不同的劳动关系管理策略，而政府也因时制宜实施了不同的劳动关系治理方式，这些研究为未来的劳动关系研究奠定了基础。

党的十八大以来，习近平总书记高度重视广大人民群众的劳动问题。党的十九大报告提出了一系列与劳动密切相关的重要论断，进而形成了独具特色的习近平新时代劳动观。党的二十大报告进一步升华了与劳动相关的论述，如"在全社会弘扬劳动精神、奋斗精神、奉献精神、创造精神、勤俭节约精神，培育时代新风新貌"，"努力提高居民收入在国民收入分配中的比重，提高劳动报酬在初次分配中的比重。坚持多劳多得，鼓励勤劳致富，促进机会公平"，"破除妨碍劳动力、人才流动的体制和政策弊端，消除影响平等就业的不合理限制和就业歧视，使人人都有通过勤奋劳动实现自身发展的机会。"迄今为止，学术界对习近平新时代劳动观的丰富内涵进行了一定的研究，涉及的内容主要集中在主体论和价值论、劳动精神论、劳动关系论、工会工作论等方面[1]。基于习近平新时代中国特色社会主义思想和习近平新时代劳动观，本书提出未来我国劳动关系的主要研究命题，在此基础上构建中国情境下劳动关系的研究模型。

(一) 巩固中国共产党在劳动关系工作中的领导地位

传统狭义的劳动关系主体主要包括雇主和雇员，而广义的劳动关系主体还包含了雇主组织、工会和政府。以习近平同志为核心的党中央将党组织纳入劳动关系的主体范畴，充分阐释了党组织在劳动关系中的角色和领导地位[2]。中共中央、国务院《关于构建和谐劳动关系的意见》明确了党委在和谐劳动关系构建中的领导地位，如"各级党委要统揽全局，把握方向，及时研究和解决劳动关系中的重大问题""加强各类企业党建工作"等。同时，已有研究发现中国共产党根据不同时期的时代主题不断调整劳动思想和劳动政策[3]，地方党委在处理罢工事件中发挥了领导、监督和评价的作用[4]，党组织在企业劳动关系协调中发挥了积极作用[5]。未来，应进一步从宏观和微观层面加强党在劳动关系领域中的作用研究。具体而言，在宏观层面，研究如何进一步健全党对劳动关系的领导协调机制；如何根据新时代的新特点，完善相应的劳动政策；如何在出现群体性劳动关系事件等重大问题时，发挥地方党委的作用，实现与政府、工会、雇主组织的协同。在微观层面，研究如何依据不同企业的特点，加强对各类企业的党建工作，发挥党组织在各类企业劳动关系协调中的作用，尤其是在非公有制企业中的作用。基于此，我们提出以下研究命题：

命题1：从宏观和微观两个层面加强党在劳动关系工作中的领导地位研究。

(二) 探究政府构建和谐劳动关系的路径

习近平总书记指出党和政府要进一步提高认识、强化责任，把构建和

---

[1] 谢忠强，袁随芳. 十八大以来习近平劳动观研究的回顾与展望 [J]. 中共云南省委党校学报，2019，20 (5)：37-41.

[2] 杨云霞. 习近平中国特色社会主义和谐劳动关系思想研究 [J]. 理论视野，2018 (6)：25-30.

[3] 宋湛，文魁. 中国共产党劳动思想和实践百年回顾 [J]. 管理世界，2021，37 (12)：25-44.

[4] 徐世勇，XIAOYUHUANG，张丽华，等. 中国工人罢工的四方层级解决机制：基于案例研究的一种新诠释 [J]. 管理世界，2014 (4)：60-70，80，187.

[5] 董志强，魏下海. 党组织在民营企业中的积极作用：以职工权益保护为例的经验研究 [J]. 经济学动态，2018 (1)：14-26.

谐劳动关系作为一项重要而紧迫的政治任务抓实抓好①。中共中央、国务院《关于构建和谐劳动关系的意见》明确提出要"最大限度增加和谐因素、最大限度减少不和谐因素，促进经济持续健康发展和社会和谐稳定"。

目前，学术界关于如何构建和谐劳动关系已积累了丰富的研究成果②，未来的研究应围绕如何完善劳动关系协调机制、建立维护职工合法权益的调控机制等重点问题进行深入的探讨。已有研究围绕员工参与、工作激励、沟通与发展、雇佣保障等角度构建了和谐劳动关系评价体系③，未来应从制度层面加强劳动合同制度、集体协商和集体合同制度、劳动关系三方协商机制等评价和谐劳动关系的具体指标研究。此外，目前关于维护职工合法权益的研究，主要从工会的角度出发，研究工会维护职能和维权机制等④。习近平总书记提出要妥善处理与劳动者基本权益密切相关的重要问题，如就业、收入分配、社会保障、技能培训、安全健康等，及时化解各种劳动纠纷和劳资冲突，维护劳动关系的和谐稳定。未来应围绕劳动者最关心的利益问题，研究维护职工合法权益的调控机制，例如如何更好地实施就业优先战略，维护劳动者的平等就业权；如何深入收入分配制度改革，不断增加劳动者的劳动报酬，实现共同富裕；如何为弱势群体提供更全面的社会保障。基于此，我们提出以下研究命题：

命题2：从健全劳动关系协调机制、建立维护职工合法权益调控机制等角度，探究和谐劳动关系的构建路径。

（三）挖掘企业社会责任的履行方式

企业经营者遵守劳动法律制度、履行企业社会责任是和谐劳动关系构建的重要实现路径。中共中央、国务院在《关于构建和谐劳动关系的意见》中提出"教育引导企业经营者积极履行社会责任"。

首先，充分发挥企业家在构建和谐劳动关系中的作用。2017年9月，中共中央、国务院出台了《关于营造企业家健康成长环境 弘扬优秀企业家精神 更好发挥企业家作用的意见》，党的十九大报告提出"激发和保护

---

① 中国政府门户网站. 习近平出席全国构建和谐劳动关系先进表彰会并讲话[EB/OL]. http://www.gov.cn/ldhd/2011-08/16/content_1926777.html.

② 刘铁明，罗友花. 中国和谐劳动关系研究综述[J]. 马克思主义与现实，2007（6）：139-142.

③ 左静，王德才，冯俊文. 伙伴关系视角下的和谐劳动关系评价指标体系构建：以建立工会的企业为例[J]. 经济管理，2018，40（4）：5-19.

④ 李力东. 改革开放以来中国工会维护职能的演进路径[J]. 中国劳动关系学院学报，2015，29（5）：5-11.

企业家精神"。党的二十大报告提出,"优化民营企业发展环境,依法保护民营企业产权和企业家权益,促进民营经济发展壮大。完善中国特色现代企业制度,弘扬企业家精神,加快建设世界一流企业"。已有研究发现企业家文化价值观中的不确定性规避、长期导向、集体主义对企业履行社会责任产生了显著的正向影响①。未来应针对不同行业、不同类型、不同发展阶段的企业,研究如何激发企业家精神,如何构建企业社会责任标准体系和评价体系,如何评估企业履行社会责任对和谐劳动关系的影响。其次,完善职工民主参与制度对保障职工劳动权益至关重要。目前,一些企业已经建立了企业民主管理制度,如职工代表大会制度、厂务公开制度、职工董事监事制度等。学术界针对企业民主管理的实践空间和技术路径等问题展开了研究②。如何针对不同所有制的企业,挖掘符合企业自身特点的民主管理制度,丰富民主参与形式,畅通职工意见和诉求表达渠道,以增强职工参与劳动的积极性与创造性,需要更深入研究。据此,我们提出以下研究命题:

命题3:从发挥企业家精神、完善职工民主参与制度等角度,挖掘企业社会责任的履行方式。

(四) 明晰中国特色社会主义工会发展道路

2022年1月1日起实施的《中华人民共和国工会法》明确规定,工会是中国共产党领导的职工自愿结合的工人阶级群众组织,是中国共产党联系职工群众的桥梁和纽带。习近平总书记指出:"中国特色社会主义工会发展道路是中国特色社会主义道路的重要组成部分,深刻反映了中国工会的性质和特点,是工会组织和工会工作始终沿着正确方向前进的重要保证。"③ 具体而言,应从工会应履行政治责任、维护职工合法权益并竭诚服务职工群众等方面加强对中国特色社会主义工会发展道路的研究。

首先,加强对劳动者的思想政治引领是工会的政治责任。一些地区通过创新教育载体,用科学的理论武装职工;通过新旧媒体的融合,用正确的舆论引导职工;通过丰富的宣传形式,用先进典型鼓舞职工等方式,加

---

① 辛杰,吴创. 企业家文化价值观对企业社会责任的影响机制研究 [J]. 中南财经政法大学学报,2015 (1):105-115.
② 汪仕凯,刘乐明. 企业民主管理制度的中国方案:实践空间与技术路径 [J]. 行政论坛,2020,27 (2):34-40.
③ 习近平. 在同全国劳动模范代表座谈时的讲话 [N]. 人民日报,2013-04-29.

强职工思想政治引领[1]。如何根据新时代劳动者的新特点，创新职工思想政治引领的方式和路径仍然需要进一步探索。其次，研究新时代工会如何更好地履行维护职工合法权益、竭诚服务职工群众的基本职责。目前，一些研究关注了国有企业、私营企业的工会职能与维权问题[2]。在新时代，需要进一步研究工会如何适应组织形式、就业形态、劳动关系方面的新变化，尤其是维护新就业形态劳动者参加和组织工会的权利，切实维护其基本权益。据此，我们提出以下研究命题：

命题4：从履行政治责任和维权职工合法权益等出发，明晰中国特色社会主义工会发展道路。

（五）分析实现劳动者体面劳动和全面发展的方式

在习近平总书记系列重要讲话中包含着丰富的关于劳动思想的论述，其价值追求和目标是排除阻碍劳动者参与发展、分享发展成果的障碍，努力让劳动者实现体面劳动和全面发展。

一方面，关于如何促进劳动者共享发展成果，一些学者提出需要处理好劳动力市场存在的矛盾，如增强劳动力市场灵活性与劳动力市场分割的矛盾、劳动要素驱动力下降的客观规律与促进并保护就业现实需要的矛盾[3]，但对于如何实现高质量发展与劳动者共享发展成果的研究仍然较少；另一方面，目前针对体面劳动已积累了较多研究成果，如体面劳动的内涵结构和测量指标的建立[4]、不同类型企业和不同群体的体面劳动等[5]。未来，应继续坚持以人民为中心的发展思想，重点解决好劳动者的就业、教育、社保、医疗、养老等问题。同时，适应新技术新业态新模式的迅猛发展的要求，重点研究如何维护好新就业形态劳动者，如外卖骑手、网约工等群体的合法权益，实现其体面劳动和全面发展。据此，我们提出以下研究命题：

---

[1] 陈坚军，王志勇. 宁波工会：坚持"四位一体"加强职工思想政治引领[J]. 中国工运，2019（4）：63-64.

[2] 邱敏学，宋璐鹏. 我国私营企业劳资关系同一性及工会职能定位[J]. 山西大学学报（哲学社会科学版），2018，41（3）：140-144.

[3] 肖潇. 共享发展成果须处理好劳动力市场中的三组矛盾[J]. 山东社会科学，2016（2）：34-39.

[4] 卿涛，章璐璐，王婷. 体面劳动测量及有效性检验[J]. 经济体制改革，2015（4）：195-200.

[5] 胡世文，梁伟军. 实现体面劳动：非正规就业农民工权益保障的理论审视与推进路径[J]. 学习与实践，2021（8）：117-124.

命题5：从促进劳动者共享发展成果、维护劳动者合法权益等角度入手，分析实现劳动者体面劳动和全面发展的方式。

本书根据以上五个研究命题，构建中国情境下劳动关系研究模型，如图12.1所示。不同主体之间会产生互动关系。首先，党的领导对中国特色社会主义工会发展道路和和谐劳动关系的构建具有指导作用。其次，中国特色社会主义工会通过加强工会作为党联系人民群众的桥梁与纽带的政治作用，进一步巩固党在劳动关系工作中的领导地位；通过履行维护劳动者合法权益的职能，促使企业履行社会责任，帮助劳动者实现体面劳动和全面发展，促进和谐劳动关系的构建。再次，政府通过制定和落实具体劳动关系的政策，能确保党在劳动关系工作中的领导地位，为中国特色社会主义工会的发展提供政策支持，督促企业履行社会责任，并通过一系列政策促进劳动者实现体面劳动和全面发展。再次，通过促进企业与劳动者利益共享，促进劳动者全面发展，能巩固中国特色社会主义工会发展道路，推动企业创新履行社会责任的方式，有利于和谐劳动关系的构建。最后，企业依据自身特点和劳动者的需求，完善企业民主管理制度，积极履行维护职工基本权益的责任，既有利于搭建与工会的沟通平台以促进工会发挥积极作用，也有利于劳动者实现体面劳动和全面发展，是构建和谐劳动关系的重要路径。

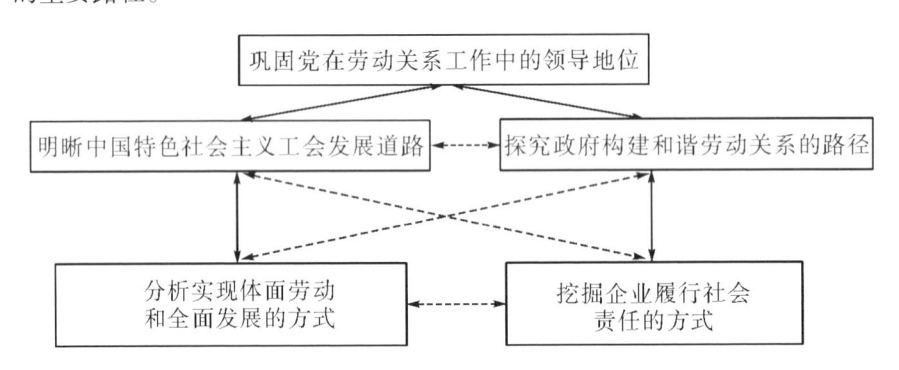

图12.1 中国情境下劳动关系研究模型

第二节 中国劳动关系的实践发展趋势

习近平新时代中国特色社会主义思想作为党和国家必须长期坚持的指导思想，将指导劳动关系未来实践的发展。

第一，深入贯彻习近平新时代中国特色社会主义思想，奋力推进新时代劳动关系高质量发展。首先，坚持中国共产党对劳动关系的领导。各级党委应进一步加强对劳动关系的全局统揽，健全劳动关系的协调机制，加强顶层设计，重点解决劳动关系领域的重大问题，充分调动劳动关系各方主体的积极性，共同构建和谐劳动关系，加强不同类型企业的党建工作，扩大党组织的覆盖面。其次，以共享发展理念推进新时代劳动关系高质量发展。劳动关系是最基本的社会关系之一，要最大限度地增加和谐因素、最大限度地减少不和谐因素，构建和发展和谐劳动关系，促进社会和谐[1]。和谐劳动关系是构建社会主义和谐社会的重要组成部分，且与当前实现"两个一百年"的奋斗目标和中华民族伟大复兴的中国梦是一致的[2]。最后，从完善三方协商机制、劳动争议调处机制、树立利益共同体意识等方面推动劳动关系的高质量发展。完善国家、省级、中心城市和县级市三方协商机制，加强工会和雇主组织建设，提高其参与协商的能力，完善三方协商的法律法规等。完善劳动争议调处机制，以预防为主、调解优先，尽量将简单的劳资矛盾化解在萌芽状态，通过三方协商机制处理集体合同签订争议和集体停工事件，建立应急处置机制处理群体性事件，最终提高劳动纠纷处理的整体效果。同时，引导劳资双方树立利益共同体意识，促进劳动者共享企业的发展成果，提升劳动要素在国民收入中的占比，满足劳动者在收入、教育、住房、医疗等方面共享的需求。党和国家推动新时代劳动关系高质量发展的方式如图12.2所示。

---

[1] 习近平.在庆祝"五一"国际劳动节暨表彰全国劳动模范和先进工作者大会上的讲话[N].人民日报，2015-04-29（2）.
[2] 李岁月.论习近平系列重要讲话中的劳动思想[J].武汉科技大学学报（社会科学版），2016，18（6）：630-636.

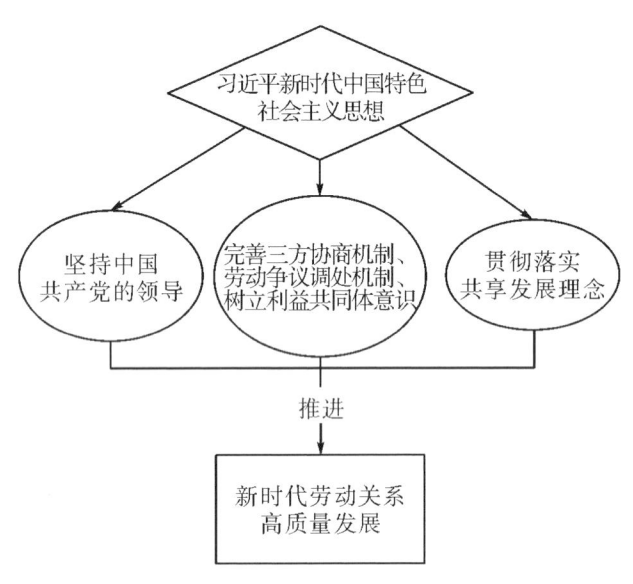

图 12.2　新时代劳动关系高质量发展展望

资料来源：笔者根据相关文献和资料整理而得。

第二，紧密关注劳动关系发展的新形式和新问题，创新探索劳动关系的治理机制。近年来，数字经济的发展催生了多种新型的就业形态，新就业形态从业者面临着收入不稳定、无就业保护和社会保险等风险[1]。然而，我国尚未对新就业形态从业者劳动关系的认定和权益保障做出具体的法律规定。针对这些新问题，首先，制定相应的政策对数字经济的发展予以规制。对新就业形态的劳动关系治理，不能简单地套用传统的劳动管理方式，需要创新监管方式，更好地体现共建共治共享的原则。例如，目前平台从业者大部分并没有签订劳动合同，无法被纳入现行的法律保障体系。应加快出台新的劳动关系认定标准和办法，实现劳动者权益保障与数字经济发展的平衡。其次，加强对新就业形态从业者的基本权益保障，使其能共享平台经济发展的成果。完善新就业形态从业者的养老、医疗、工伤保险制度，重点开展职业伤害保障试点，研究新就业形态从业者劳动争议在线调解等办法，重点关注其最低工资、超时劳动等问题。再次，引导平台

---

[1] 吕国泉，陶志勇，李睿祎，等. 在实现"两个一百年"奋斗目标和"中国梦"中作出工人阶级新贡献：第八次全国职工队伍状况调查总报告 [J]. 中国工运，2018（1）：11-23.

企业更好地兼顾效率与公平，承担企业社会责任。引导企业在提升经济效率的同时，兼顾公平以及对生命价值的关怀，维护平台从业者的合法权益，通过政府、企业和社会三方协同进行技术、组织和制度治理机制创新，促使平台企业履行社会责任。最后，针对新就业形态从业者，不断扩大工会组织的覆盖面，最大限度地将新社会组织、新就业形态的从业者纳入工会保护的范围之内。创新探索劳动关系治理机制的方式如图12.3所示。

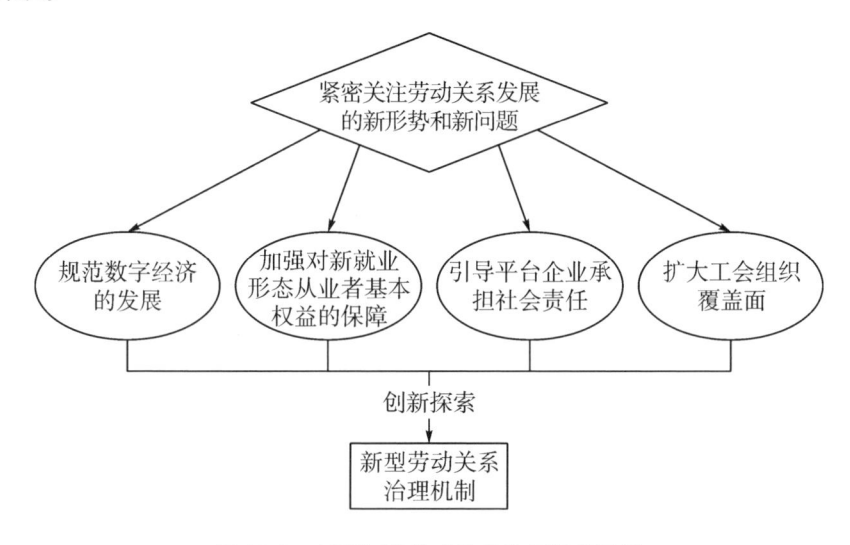

图12.3 创新探索劳动关系治理机制展望

资料来源：笔者根据相关文献和资料整理而得。

第三，充分尊重劳动者的知识与创造，努力实现劳动者体面劳动和全面发展。首先，尊重劳动者，密切关注劳动者最关心的利益问题。当前中国经济发展进入新常态，加之受到新型冠状病毒感染疫情的影响，一些劳动者面临失业和再就业困难等问题。应当密切关注劳动者最直接相关的利益问题，如通过创造就业岗位以降低失业率，并对失业人员提供失业保险和再就业培训，确保劳动关系的和谐稳定。其次，保障和改善劳动者的权益，不断增强劳动者的获得感、幸福感和安全感。强化重视和支持就业的导向，以实现更高质量和更充分的就业，构建多层次的社会保障体系，对"996"等超时劳动现象予以规制，密切关注新就业形态劳动者的工伤、养老和医疗保障制度的完善。最后，多方主体共同参与推动，实现劳动者体面劳动和全面发展。

具体而言，提倡劳动光荣的价值理念，平等对待体力劳动者和脑力劳动者，使得所有的劳动都受到尊重，充分调动不同行业、不同类型劳动者的积极性。完善劳动法律法规，尤其是针对非正规就业者、农民工等弱势群体，加强劳动权益保障力度。企业建立以人为本的文化，树立劳资平等的理念，充分尊重劳动者的知识和创造。劳动者应增强维权意识，通过合法渠道理性维权。工会应坚持和完善中国特色社会主义工会发展道路，充分突出维护职能，推动实现劳动者体面劳动。实现劳动者体面劳动和全面发展的路径如图12.4所示。

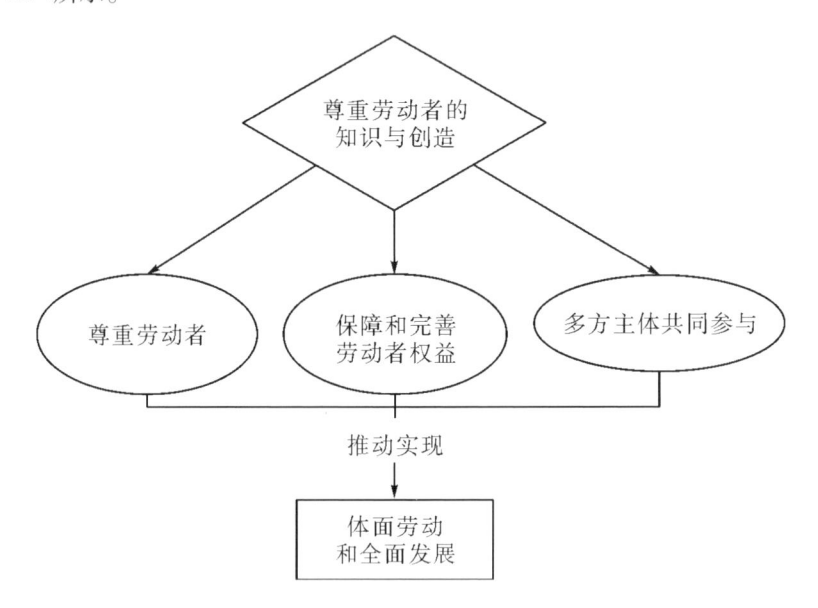

图 12.4　实现劳动者体面劳动和全面发展的路径展望

资料来源：笔者根据相关文献和资料整理而得。

参考文献

[1] 安尔康. 下岗职工：需要特别关注的利益群体 [J]. 上海工会管理干部学院学报, 1997 (3): 24-26.

[2] 班小辉. 超越劳动关系：平台经济下集体劳动权的扩张及路径 [J]. 法学杂志, 2020 (8): 160-175.

[3] 贲亚范. 工会维权的路径选择：关于当前企业工会维权工作的思考 [J]. 中国劳动关系学院学报, 2010, 24 (4): 35-37.

[4] 蔡德全, 刘国同. 全员劳动合同制实施中职工心态变化及其调试办法 [J]. 改革与开放, 1995 (11): 23-25.

[5] 蔡维力, 张爱军. 当代中国的劳资博弈：《劳动合同法》焦点条款的法经济分析 [J]. 山东社会科学, 2008 (5): 104-107.

[6] 曾湘泉, 陈思宇. 工会是否改善了外来工非货币性福利 [J]. 学术研究, 2020 (1): 79-86, 177.

[7] 常凯, 郑小静. 雇佣关系还是合作关系？：互联网经济中用工关系性质辨析 [J]. 中国人民大学学报, 2019, 33 (2): 78-88.

[8] 常凯. 论海外派遣劳动者保护立法 [J]. 中国劳动关系学院学报, 2011, 25 (1): 40-45.

[9] 常凯. 论劳动合同法的立法依据和法律定位 [J]. 法学论坛, 2008 (2): 5-14.

[10] 常凯. 论社会主义初级阶段工会在发展生产力中的身份和作用 [J]. 中国工运学院学报, 1988 (3): 15-19.

[11] 常凯. 平台企业用工关系的性质特点及其法律规制 [J]. 中国法律评论, 2021 (4): 31-42.

[12] 陈锦华. 完善组织体系, 搞好协调劳动关系三方机制建设：在2002年全国企联系统会长秘书长工作会议上的讲话 [J]. 企业管理, 2002 (9): 16-19.

[13] 陈锴. 企业产权关系的双重性分析 [J]. 高校理论战线, 2011 (3): 40-44.

[14] 陈龙. "数字控制"下的劳动秩序: 外卖骑手的劳动控制研究 [J]. 社会学研究, 2020, 35 (6): 113-135, 244.

[15] 陈仁涛. 试论我国非公有制企业和谐劳资关系之构建 [J]. 学术交流, 2013 (6): 54-59.

[16] 陈沙. 关于建立劳动关系三方面协调机制的几个问题 [J]. 当代世界与社会主义, 2001 (4): 37-40.

[17] 陈刚. 团结动员亿万职工奋进新征程建功新时代 [J]. 红旗文稿, 2022 (10): 4-8, 1.

[18] 陈微波. 互联网平台用工关系治理的理论建构: 三种理论视角的比较与反思 [J]. 社会科学, 2021 (10): 80-86.

[19] 陈文渊. 加强劳动立法是当务之急 [J]. 政法论坛, 1989 (4): 66-71.

[20] 陈文渊. 实现企业民主管理的基本形式: 试谈职工代表大会制度 [J]. 北京政法学院学报, 1981 (3): 63-69.

[21] 陈文渊. 试谈劳动争议的处理 [J]. 北京政法学院学报, 1982 (3): 64-67.

[22] 程虹, 王越. 工会维权与员工的消极性权利: 基于中国企业——劳动力匹配调查数据的实证检验 [J]. 暨南学报 (哲学社会科学版), 2018, 40 (4): 74-87.

[23] 程汪红.《劳动法》实施缘何难？[J]. 企业文明, 1997 (5): 33-34.

[24] 程新征. 对政府在非公有制经济劳资关系中作为的思考 [J]. 当代世界与社会主义, 2006 (2): 99-101.

[25] 崔学东, 曹樱凡. "共享经济"还是"零工经济"？: 后工业与金融资本主义下的积累与雇佣劳动关系 [J]. 政治经济学评论, 2019, 10 (1): 22-36.

[26] 戴文宪. 中国马克思主义工会理论的百年演进与成果 [J]. 中国劳动关系学院学报, 2019, 33 (5): 1-18.

[27] 单振英. 资本主义制度下的劳动 [J]. 劳动, 1956 (2): 40-45.

[28] 邓秋柳, 刘海珍. 完善我国农民工工伤保险制度的思考 [J]. 财

经理论与实践，2008（5）：39-43.

[29] 邓志荣. 浅谈国营企业公司制改革后工会、职代会的地位作用[J]. 经济管理与干部教育，1994（3）：94-96.

[30] 丁榕芳. 建立劳动争议仲裁制度 保障劳动双方合法权益[J]. 福建论坛（经济社会版），1986（12）：62-64.

[31] 丁胜如. 集体合同散论[J]. 学术界，1997，4（6）：67-70.

[32] 董保华. 和谐劳动关系的思辨[J]. 上海师范大学学报（哲学社会科学版），2007（2）：22-29.

[33] 董保华. 劳资博弈之道：兼谈劳动合同立法博弈中"强资本、弱劳工"的观点[J]. 社会科学家，2009（1）：8-14.

[34] 董保华. 论我国无固定期限劳动合同[J]. 法商研究，2007（6）：53-60.

[35] 董建民，刘仁. 我国私营经济问题讨论综述[J]. 财经科学，1989（6）：56-59.

[36] 杜刚. 下岗职工的权利与待遇[J]. 中国劳动科学，1997（12）：50.

[37] 杜鹏程，徐舒，吴明琴. 劳动保护与农民工福利改善：基于新《劳动合同法》的视角[J]. 经济研究，2018，53（3）：64-78.

[38] 杜瑞银. 应坚持职工民主管理[J]. 理论与现代化，1995（6）：43.

[39] 冯立天，闻潜. 劳动生产率和平均工资增长速度比例关系的数量分析[J]. 经济研究，1964（6）：16-25.

[40] 冯涛，石国庆. 雇员竞业限制及其利益平衡的法律机制[J]. 中国人力资源开发，2009（9）：86-89.

[41] 冯向楠，詹婧. 人工智能时代互联网平台劳动过程研究：以平台外卖骑手为例[J]. 社会发展研究，2019，6（3）：61-83，243.

[42] 冯彦君，李娜. 退休再就业：劳动关系抑或劳务关系：兼评"社会保险标准说"[J]. 社会科学战线，2012（7）：182-189.

[43] 冯彦君. 论劳动法的基本原则[J]. 法制与社会发展，2000（1）：25-29.

[44] 盖建华. 共享经济下"类劳动者"法律主体的制度设计[J]. 改革，2018（4）：102-109.

[45] 高新会. 转轨时期我国劳动关系制度失衡问题研究[J]. 中央财

经大学学报, 2007 (6): 87-91.

[46] 葛少英. 论劳动争议的有效预防 [J]. 中国工运学院学报, 1991 (2): 60-62.

[47] 谷华珍. 谈谈"不可不增, 亦不可多增"问题 [J]. 劳动, 1956 (6): 18-19.

[48] 关怀. 提高认识, 加强劳动监察和执法力度 [N]. 工人日报, 1999-07-09.

[49] 管怀鎏. 论加强对私营经济的宏观管理 [J]. 经济问题, 1988 (4): 17-20.

[50] 郭捷, 王晓东. 劳动关系及其法律调整的历史演进 [J]. 人文杂志, 1998 (5): 49-54.

[51] 郭玮. 新业态用工治理与政策创新 [J]. 中国人事科学, 2020 (5): 12-19.

[52] 郭志刚. 和谐劳动关系的内核与模式 [J]. 财经科学, 2008 (5): 88-94.

[53] 郭志刚. 和谐劳动关系的治理机制分析 [J]. 当代经济研究, 2009 (9): 48-52.

[54] 国务院发展研究中心社会保障制度改革研究课题组. 中国城镇失业保障制度改革的回顾与前瞻 [J]. 管理世界, 2001 (1): 77-86.

[55] 韩桂君. 修改《劳动法》若干问题研究: 从基本理念和具体制度层面分析 [J]. 甘肃政法学院学报, 2005 (3): 38-45.

[56] 韩康. 论社会主义经济关系的多元劳动主体结构: 对经济体制改革理论基础的再思考 [J]. 江西社会科学, 1985 (3): 23-28, 33.

[57] 韩文龙, 刘璐. 数字劳动过程中的"去劳动关系化"现象、本质与中国应对 [J]. 当代经济研究, 2020 (10): 15-23.

[58] 韩喜平, 周颖. 新常态下国有企业和谐劳动关系的构建 [J]. 理论探索, 2016 (1): 75-79.

[59] 何文举, 殷志云. 农民工非正规就业支持系统如何构建 [J]. 求索, 2007 (5): 64-65.

[60] 侯文学. 增强企业活力与劳动人事制度的改革 [J]. 法律科学 (西北政法学院学报), 1992 (S1): 68-72.

[61] 胡晓东. 构建基于HRM的企业劳动关系预警机制研究 [J]. 中

国劳动关系学院学报，2010，24（6）：27-31.

［62］胡学勤.农民工权益受损问题的思考［J］.现代经济探讨，2009（8）：5-9.

［63］黄澄静.当前工业企业管理上的一些问题［J］.学术月刊，1958（12）：20-25.

［64］黄莲.不套框框，不定条条，分别情况，合理安排［J］.中国地质，1965（11）：37.

［65］黄仁规.企业职工民族心理素质与劳动权益保护［J］.广西民族研究，1996（4）：36-39.

［66］纪雯雯，赖德胜.从创业到就业：新业态对劳动关系的重塑与挑战：以网络预约出租车为例［J］.中国劳动关系学院学报，2016，30（2）：23-28.

［67］贾玉洁.浅析我国非正规就业的发展与对策［J］.人口与经济，2004（3）：45-49，80.

［68］姜颖，杨欣.论劳务派遣中劳动者权益保障：基于"劳动合同法调研问卷"的实证分析［J］.国家行政学院学报，2011（2）：52-56.

［69］蒋建武.雇佣关系变革下的多样化用工安排：管理控制视角的研究［J］.经济管理，2016，38（4）：159-167.

［70］金英杰.劳动法基本原则新探［J］.政法论坛.1998（2）：35-39，78.

［71］康桂珍.从劳动关系的变化看工会职能的转换［J］.中国劳动科学，1993（11）：28-30.

［72］赖长鸿.完善我国新型劳动法律体系架构研究［J］.现代法学，2002，24（5）：154-158.

［73］黎建飞，李静.《劳动合同法》立法博弈与抉择［J］.湖南师范大学社会科学学报，2017，46（4）：78-84.

［74］黎建飞.劳动合同解除的难与易［J］.法学家，2008（2）：18-23，4.

［75］黎永智.实行劳动合同制应树立的观念［J］.劳动理论与实践，1996（3）：26-27.

［76］李策划.互联网时代数字劳动的政治经济学分析［J］.改革与战略，2020，36（3）：34-43.

[77] 李干. 我国集体劳动争议的难题与反思：基于自发罢工向制度外的"涌出"现象 [J]. 宁夏社会科学，2017（1）：69-75.

[78] 李光勤，曹建华，邵帅. 维权、工会与工资上涨 [J]. 经济学动态，2017（5）：41-52.

[79] 李桂华. 和谐管理：中国特色的企业人力资源管理模式 [J]. 中国流通经济，2011，25（12）：98-103..

[80] 李皓. 简论政府对劳动关系的协调作用 [J]. 中国行政管理，2008（8）：23-25.

[81] 李杰. 劳动关系中的心理契约调节机制探析 [J]. 生产力研究，2007（20）：62-64.

[82] 李井奎，朱林可，李钧. 劳动保护与经济效率的权衡：基于实地调研与文献证据的《劳动合同法》研究 [J]. 东岳论丛，2017，38（7）：81-92.

[83] 李敬实. 克服工资工作上的平均主义 切实贯彻按劳付酬原则 [J]. 劳动，1956（1）：10-12.

[84] 李立新，郭洋. 劳务派遣中的劳动者权益保护 [J]. 社会科学家，2009（1）：84-87.

[85] 李培林. 论企业劳动关系管理中的文化战略 [J]. 科技管理研究，2007（10）：169-170，175.

[86] 李新挪. 目前我国企业劳动关系的新变化及调整 [J]. 中国青年政治学院学报，2003（1）：87-91.

[87] 李星，赵亲. 读《西方资产阶级文明在中国的破产》[J]. 学术月刊，1961（6）：60-61.

[88] 李杏果. 论市场经济条件下政府介入劳动关系的界限 [J]. 人文杂志，2010（6）：42-47.

[89] 李玉赋. 新编中国工人运动史：下卷 [M]. 修订版. 北京：中国工人出版社，2016.

[90] 李育敬. 我省实施《劳动法》尚需加大力度 [J]. 人民之声，1996（11）：20-21.

[91] 廉靖. 关于劳动立法若干问题的思考 [J]. 经济问题，2007（7）：56-57.

[92] 林春森. 试析社会主义市场经济的劳动关系：兼谈工会协调劳动

关系的思路［J］．工会理论与实践，1993（6）：23-24.

［93］林嘉，黎建飞．2004年劳动法学和社会保障法学学术研究回顾［J］．法学家，2005（1）：75-77.

［94］林嘉．劳动法视野下社会协商制度的构建［J］．法学家，2016（3）：80-93，177-178.

［95］林嘉．论社会保障法的社会法本质：兼论劳动法与社会保障法的关系［J］，法学家，2002（1）：116-121.

［96］林培顺．劳动关系中职工权益的困扰与维护［J］．安装，1996（1）：43.

［97］凌相权．对劳动法的法律地位及适用范围之我见［J］．中国政法大学学报，1984（4）：52-55.

［98］刘艾．谈谈《劳动法》的贯彻与执行［J］．经济与管理，1997（5）：25，38.

［99］刘涤尘．工资改革必须注意的几个问题［J］．劳动，1956（6）：8-9.

［100］刘贯学，黎建飞．论健全我国劳动争议仲裁制度［J］．法律科学（西北政法学院学报），1992（6）：53-55，65.

［101］刘金祥．基于二元所有权架构的企业劳资关系研究［J］．上海师范大学学报（哲学社会科学版），2007（2）：36-41.

［102］刘善仕，裴嘉良，钟楚燕．平台工作自主吗？在线劳动平台算法管理对工作自主性的影响［J］．外国经济与管理，2021，43（2）：51-67.

［103］刘泰洪．劳资冲突与工会转型［J］．天津社会科学，2011（2）：85-89.

［104］刘锡军．关于国有企业改革中职工主人翁地位的思考［J］．理论前沿，1996（18）：18-20.

［105］刘晓倩．日本劳动关系的调整变化与启示［J］．生产力研究，2010（2）：173-175，189.

［106］刘新州．析我国的集体协商和集体合同制度［J］．江西社会科学，1998（10）：9-10.

［107］刘雅芝．认真贯彻实施《劳动法》依法维护外派劳务人员的合法权益［J］．劳动内参，1996（1）：28-31.

［108］刘妍，周中之．和谐劳动关系的道德调整及其实现路径［J］．

上海财经大学学报, 2011, 13 (4): 3-9, 50.

[109] 刘洋. 改制后国有企业的劳动关系: 现状、问题与协调治理路径 [J]. 教学与研究, 2018 (7): 33-43.

[110] 刘智生. 处理好职代会与"新三会"的关系 [J]. 经济管理, 1994 (10): 14-15.

[111] 龙立荣, 梁佳佳, 董婧霓. 平台零工工作者的人力资源管理: 挑战与对策 [J]. 中国人力资源开发, 2021, 38 (10): 6-19.

[112] 娄宇. 平台经济从业者社会保险法律制度的构建 [J]. 法学研究, 2020, 42 (2): 190-208.

[113] 栾爽. 论构建和谐劳动关系中的政府责任 [J]. 中国行政管理, 2008 (6): 60-62.

[114] 罗玲玲. 市场经济体制下工会维权职能探析 [J]. 经济体制改革, 2003 (6): 151-154.

[115] 罗明忠. 国际劳工标准演进中的企业人力资源管理变革 [J]. 中国人力资源开发, 2007 (10): 73-76.

[116] 罗燕. 集体合同的法律规定及实践特征 [J]. 华南师范大学学报 (社会科学版), 1997, 4 (1): 121-125.

[117] 骆耕漠. 价值和两种涵义的社会必要劳动的关系: 马克思的商品价值学说研究之七 [J]. 江汉学报, 1964 (4): 28-36, 14.

[118] 骆耕漠. 试解《资本论》第一章第四节的要点和疑难: 马克思的商品价值学说研究之三 [J]. 经济研究, 1963 (4): 27-40.

[119] 骆耕漠. 试评关于价值和两种社会必要劳动的关系的争论: 与孙膺武、何安等同志商榷 [J]. 江汉学报, 1964 (7): 19-26.

[120] 骆耕漠. 试评关于价值和两种社会必要劳动的关系的争论: 与卫兴华等同志商榷 [J]. 江汉学报, 1964 (5): 23-29.

[121] 吕楠. 改革开放 30 年中国劳动合同制的演变 [J]. 北京社会科学, 2008 (5): 10-17.

[122] 马俊军. 2007 年中国劳动立法述评: 兼评《就业促进法》《劳动合同法》《劳动争议调解仲裁法》[J]. 岭南学刊, 2008 (4): 60-63.

[123] 马跃如, 夏冰. 论《劳动合同法》适用范围的现状与问题: 以对非标准劳动关系的立法规范为视角 [J]. 上海财经大学学报, 2011, 13 (2): 25-32.

[124] 毛泽东. 毛泽东选集:第1卷[M]. 北京:人民出版社, 1991.

[125] 孟泉, 雷晓天. "十四五"时期我国劳动关系治理的发展方向与策略选择[J]. 中国人力资源开发, 2020, 37 (12): 34-44.

[126] 孟泉. 竞合空间与生存空间:企业工会可持续能动性的运作逻辑[J]. 中国人力资源开发, 2021, 38 (2): 95-112.

[127] 羿晶. "共享经济"时代非典型劳动者权益保护研究[J]. 学习与实践, 2020 (7): 87-91.

[128] 穆镇汉, 侯文学. 劳动法是一个独立的法律部门[J]. 西北政法学院学报, 1984 (3): 1-5.

[129] 欧根. 坚持干部参加体力劳动的制度[J]. 创造, 1959 (6): 35-38.

[130] 潘栋才. 谈谈劳动和工作的辩证关系[J]. 学术月刊, 1965 (7): 59-61.

[131] 庞季云, 陶家祥. 从毛主席两类社会矛盾的学说来谈调整人们在社会主义劳动中的相互关系的问题[J]. 学术月刊, 1958 (9): 1-4.

[132] 裴嘉良, 刘善仕, 蒋建武, 等. 共享经济下新型非典型雇佣策略研究:基于动态能力视角[J]. 中国人力资源开发, 2021, 38 (7): 109-124.

[133] 彭倩文, 曹大友. 是劳动关系还是劳务关系?:以滴滴出行为例解析中国情境下互联网约租车平台的雇佣关系[J]. 中国人力资源开发, 2016 (2): 93-97.

[134] 亓名杰. 国有企业活力的利益机制研究:兼论劳动者直接参与利润分配[J]. 浙江经专学报, 1996 (2): 3-12.

[135] 钱箭星. 劳动者维权中的政府行为[J]. 国家行政学院学报, 2007 (1): 65-67.

[136] 乔健. 中国特色的三方协调机制:走向三方协商与社会对话的第一步[J]. 广东社会科学, 2010 (2): 31-38.

[137] 秦砖, 李子星, 王恒祐. 应高度重视国有企业职工的就业、分配、保障问题:当前我市国有企业劳动关系状况的调查[J]. 当代工会, 1996 (2): 4-10.

[138] 卿涛, 诸彦含. 企业劳动关系和谐化的影响机理[J]. 财经科学, 2009 (7): 73-79.

[139] 曲庆彪, 王家驯. 企业社会责任视角下的社会和谐问题探究

[J]. 科学社会主义, 2010 (5): 99-102.

[140] 曲延志. 中国特色社会主义工会发展道路的探索与经验 [J]. 中国劳动关系学院学报, 2011, 25 (5): 31-34.

[141] 任小平. 集体谈判中工人代表的行为偏好分析与激励机制建构 [J]. 中国劳动关系学院学报, 2012, 26 (2): 33-37.

[142] 申晓梅. 下岗与失业并轨面临的挑战 [J]. 经济学家, 2001 (4): 124-125.

[143] 沈琴琴. 德国劳动关系的调整路径及其对我国的启示 [J]. 生产力研究, 2009 (19): 142-144.

[144] 沈同仙.《劳动合同法》中劳资利益平衡的再思考：以解雇保护和强制缔约规定为切入点 [J]. 法学杂志, 2017 (1): 57-65.

[145] 石峰. 贯彻实施《劳动法》维护职工合法权益 [J]. 新疆人大, 1997 (5): 13-17.

[146] 史探径. 应当重视劳动法的作用 [J]. 法学评论, 1986 (4): 24-27.

[147] 苏炜杰. 我国新业态从业人员职业伤害保险制度：模式选择与构建思路 [J]. 中国人力资源开发, 2021, 38 (3): 74-90.

[148] 孙慧敏. 我国工资集体协商的社会条件及政府的适度介入 [J]. 天津师范大学学报（社会科学版), 2001 (6): 24-27.

[149] 孙继虎, 丁孝智. 李大钊与早期中国工人运动 [J]. 西北师范大学学报（社会科学版), 1991 (3): 24-29.

[150] 孙立新, 裴守喜. 关于改革劳动制度的必要性及其途径 [J]. 河南财经学院学报, 1987 (4): 46-47.

[151] 孙连成. 略论劳动生产率与商品价值量的关系 [J]. 中国经济问题, 1963 (11): 29-33.

[152] 孙璇. 马克思主义劳动观视域下建党百年来党对劳动问题的探索历程与实践经验 [J]. 中国劳动关系学院学报, 2021, 35 (3): 65-73.

[153] 孙膺武. 再论价值量的计算问题 [J]. 江汉学报, 1962 (12): 48-51.

[154] 孙勇. 浅谈国有企业减员增效与再就业问题和对策 [J]. 江西社会科学, 1999 (1): 54-57.

[155] 孙中伟, 贺霞旭. 工会建设与外来工劳动权益保护：兼论一种

"稻草人机制"[J]. 管理世界, 2012 (12): 46-60, 81.

[156] 汤灿晴, 董志强. 工会能促进员工—企业"双赢"吗: 理论与来自"雇主—员工"匹配数据的经验证据[J]. 学术研究, 2020 (1): 94-102.

[157] 唐国才. 必须重视保障劳动者权益[J]. 党政论坛, 1996 (5): 38-40.

[158] 同振魁. 浅议建立和健全处理劳动争议的机构和程序[J]. 中国劳动科学, 1986 (11): 24-25.

[159] 童里. 国有企业改革中职工的主人翁地位[J]. 社会科学, 1997 (12): 15-17.

[160] 涂永前. 应对灵活用工的劳动法制度重构[J]. 中国法学, 2018 (5): 216-234.

[161] 汪敏. 农民工权益与倾斜保护立法[J]. 湖北社会科学, 2008 (11): 154-157.

[162] 汪史力. 国有企业实行劳动合同制难点析[J]. 劳动理论与实践, 1996 (9): 6-7.

[163] 王宝达. 刍议员工心理契约的构建[J]. 科技管理研究, 2008 (7): 321-322, 346.

[164] 王春平. 对加强劳动用工管理工作的思考[J]. 山东劳动, 1995 (6): 11.

[165] 王甸. 破除资产阶级法权观念 正确对待劳动者的相互关系[J]. 创造, 1958 (3): 23-27.

[166] 王海滨. 重塑城乡和谐劳动关系的思考[J]. 宏观经济管理, 2007 (6): 41-43.

[167] 王河. 论建立中国特色的劳动争议仲裁制度[J]. 宁夏社会科学, 1991 (3): 62-67.

[168] 王建初. 新中国工会运动的真实记录:《新中国工会纪事》评介[J]. 中国工运学院学报, 1989 (5): 77-79.

[169] 王君玲. 试论《劳动合同法》对企业人力资源管理的积极效应[J]. 黑龙江社会科学, 2008 (4): 175-177.

[170] 王立剑. 共享经济平台个体经营者用工关系及社会保障实践困境研究[J]. 社会保障评论, 2021, 5 (3): 12-22.

[171] 王琳琳. 解读《劳动合同法》的人性化特点[J]. 中国劳动关

系学院学报，2010，24（5）：30-34.

[172] 王乃荣.试论我国劳动法的基本原则［J］.法律学习与研究，1986（8）：19-22.

[173] 王庆利.当前劳动关系变化应注意的几个问题［J］.工会理论与实践，1994（4）：70.

[174] 王全兴，王茜.我国"网约工"的劳动关系认定及权益保护［J］.法学杂志，2018（4）：57-72.

[175] 王寿鹏，高天好.劳动合同法的管理学分析与企业人性化管理［J］.生产力研究，2009（13）：161-162，165.

[176] 王天安.关于集体合同及其相关问题的探讨［J］.兰州学刊，1996（1）：47-50.

[177] 王天玉.基于互联网平台提供劳务的劳动关系认定：以"e代驾"在京、沪、穗三地法院的判决为切入点［J］.法学杂志，2016（6）：50-60.

[178] 王天玉.试点的价值：平台灵活就业人员职业伤害保障的制度约束［J］.中国法律评论，2021（4）：51-60.

[179] 王伟进，王天玉，冯文猛.数字经济时代平台用工的劳动保护和劳动关系治理［J］.行政管理改革，2022（2）：52-60.

[180] 王文娟.试论贯彻实施《劳动法》中需要注意的几个问题［J］.中国劳动科学，1997（3）：22-24.

[181] 王文远.当前影响国有企业劳动关系的主要问题及调整对策［J］.山东劳动，1995（12）：6-7.

[182] 王筱泉.劳动合同制运行中应解决的问题［J］.劳动理论与实践，1995（10）：15-16.

[183] 王娅丽，方文德.工会应加大签订集体合同指导工作的力度［J］.工会理论与实践，1996，4（3）：63-64.

[184] 王瑶.从制度经济学角度谈职工持股计划在我国国企的应用［J］.生产力研究，2006（9）：204-206.

[185] 王长城.国有企业下岗职工劳动关系及其处理［J］.中南财经大学学报，2000（1）：55-61，126.

[186] 王长文."劳动法"没有超前性［J］.兵团工运，1997（4）：19.

[187] 王自立.劳动人民在国营经济中主人翁地位的多层次关系［J］.淮北煤田师院学报（社会科学版），1986（2）：17-21.

[188] 魏下海，董志强，金钊. 工会改善了企业雇佣期限结构吗？：来自全国民营企业抽样调查的经验证据 [J]. 管理世界，2015（5）：52-62.

[189] 闻效仪. "上代下"：工会改革逻辑与多样化类型 [J]. 社会学评论，2020，8（5）：18-34.

[190] 问清泓.《劳动合同法》服务期制度之改进 [J]. 中国人力资源开发，2008（8）：72-75.

[191] 问清泓. 共享经济下社会保险制度创新研究 [J]. 社会科学研究，2019（1）：86-98.

[192] 邬农. 昆明市下岗工人的再就业问题 [J]. 云南社会科学，2000（6）：60-66.

[193] 吴建平. 地方工会"借力"运作的过程、条件及局限 [J]. 社会学研究，2017，32（2）：103-127，244.

[194] 吴君槐. 国际劳动关系在转型期的不同变化及其对中国的启示 [J]. 甘肃政法学院学报，2011（3）：125-131.

[195] 吴清军，杨伟国. 共享经济与平台人力资本管理体系：对劳动力资源与平台工作的再认识 [J]. 中国人力资源开发，2018，35（6）：101-108.

[196] 吴清军，张艺园，周广肃. 互联网平台用工与劳动政策未来发展趋势：以劳动者身份判定为基础的分析 [J]. 中国行政管理，2019（4）：116-123.

[197] 吴宣恭. 个别企业劳动生产率与商品价值量的关系：与孙连成同志商榷 [J]. 中国经济问题，1964（9）：28-36.

[198] 夏积智，陈文渊，王昌硕. 劳动法是我国一个独立的法律部门 [J]. 北京政法学院学报，1980（1）：92-98.

[199] 夏积智. 我国解决劳动争议的指导思想 [J]. 中国劳动科学，1987（6）：33-35.

[200] 肖竹. 第三类劳动者的理论反思与替代路径 [J]. 环球法律评论，2018，40（6）：79-100.

[201] 谢玉华，张群艳，王瑞. 企业劳动关系和谐度与员工工作绩效的实证研究 [J]. 湖南大学学报（社会科学版），2012，26（1）：66-70.

[202] 谢增毅. 雇主不当解雇雇员的赔偿责任 [J]. 法律科学（西北政法大学学报），2010，28（3）：127-134.

[203] 谢增毅. 互联网平台用工劳动关系认定 [J]. 中外法学，2018，

30（6）：1546-1569.

[204] 谢增毅.用工成本视角下的劳动合同法修改［J］.法学杂志，2017（11）：66-76.

[205] 谢智钢.规范运作 强化管理 切实加强厂务公开工作［J］.中国工运，2005（12）：22.

[206] 徐金华.我国农民工劳资关系权益的法律分析［J］.调研世界，2009（4）：13-16.

[207] 徐景一，于桂兰.新时代民营企业劳动关系协调机制创新路径研究［J］.社会科学辑刊，2019（5）：120-127.

[208] 徐丽雯.我国劳动争议处理制度存在的问题与完善之策［J］.北京行政学院学报，2014（2）：91-96.

[209] 许金坤.结合专业，分别安排［J］.中国地质，1965（11）：37.

[210] 许晓军，任小平.从"盐田国际"罢工事件看中国工会维权路径中的制度救济［J］.当代世界与社会主义，2008（4）：140-144.

[211] 杨滨伊，孟泉.多样选择与灵活的两面性：零工经济研究中的争论与悖论［J］.中国人力资源开发，2020，37（3）：102-114.

[212] 杨海泉.论劳动合同制与主人翁地位的关系［J］.云南电业，1996（10）：53-54.

[213] 杨景越.构建和谐劳动关系的模式选择［J］.中国特色社会主义研究，2012（6）：69-71.

[214] 杨丽君，唐伶.我国劳动关系的调整机制研究：基于一元论的方法［J］.企业经济，2017，36（2）：88-95.

[215] 杨绍华，易赛键.《中华人民共和国劳动合同法》：一部保护广大劳动者合法权益的重要法律：访全国人大法律委员会主任委员杨景宇、全国总工会书记处书记兼纪检组长张鸣起［J］.求是，2007（18）：30-32.

[216] 杨胜利.劳务派遣制度的规范缺失及发展前瞻［J］.苏州大学学报（哲学社会科学版），2009，30（5）：50-54.

[217] 杨泰山.当前贯彻《劳动法》存在的问题及对策［J］.管理教育学刊，1997（1）：38-42.

[218] 杨伟国，王琦.数字平台工作参与群体：劳动供给及影响因素：基于U平台网约车司机的证据［J］.人口研究，2018，42（4）：78-90.

[219] 杨忠元.依法建立劳动关系 维护职工合法权益［J］.工会理

论与实践, 1996 (4): 25-26.

[220] 叶正茂. 共享利益与企业和谐劳动关系的构建原则 [J]. 马克思主义研究, 2009 (11): 52-57.

[221] 尹世杰. 略论劳动生产率与平均工资增长速度的比例关系 [J]. 武汉大学人文科学学报, 1957 (2): 75-99.

[222] 尹世杰. 试论平均工资增长速度 [J]. 武汉大学学报 (人文科学版), 1964 (3): 37-52.

[223] 于欣华, 霍学喜. 农民工工伤保险困境分析 [J]. 北京理工大学学报 (社会科学版), 2008, 10 (6): 14-18.

[224] 余琴, 庄文嘉. 改革开放40年来的劳动立法、地方调解与争议处置: 基于劳动争议胜诉率的实证分析 [J]. 中山大学学报 (社会科学版), 2018, 58 (3): 171-177.

[225] 虞有松. 关于脑力劳动和体力劳动的关系 [J]. 北京矿业学院学报, 1959 (1): 6-13.

[226] 喻说. 关于管理社会主义工业企业的"一长制"问题 [J]. 教学与研究, 1954 (10): 23-26.

[227] 袁凌, 贾玲玲, 李健. 企业劳动关系的员工满意度调查与评价 [J]. 系统工程, 2014, 32 (5): 29-36.

[228] 岳经纶, 陈泳欣. 超越统合主义? 社会治理创新时期的工会改革: 基于深圳市试验区工联会的实践 [J]. 学术研究, 2018 (10): 51-58.

[229] 岳经纶, 庄文嘉. 国家调解能力建设: 中国劳动争议"大调解"体系的有效性与创新性 [J]. 管理世界, 2014 (8): 68-77.

[230] 张波. 劳资关系中政府定位的应然选择与国际借鉴 [J]. 甘肃社会科学, 2010 (5): 234-236, 252.

[231] 张成刚, 冯丽君. 工会视角下新就业形态的劳动关系问题及对策 [J]. 中国劳动关系学院学报, 2019, 33 (6): 106-114.

[232] 张春生, 刘玫. 关于劳动法立法过程中的几个问题 [J]. 人大工作通讯, 1994 (21): 11-15.

[233] 张国祥. 关于在国有企业改革中正确处理职工与企业关系的思考 [J]. 工会理论与实践, 1996 (3): 7-10.

[234] 张华初. 对私营企业劳动关系的理论思考 [J]. 华南师范大学学报 (社会科学版), 2002 (6): 28-33.

[235] 张金麟. 非公有制企业中的劳动者权益保护问题 [J]. 云南民族学院学报（哲学社会科学版），2002，19（3）：89-91.

[236] 张立富. 中国和美国劳动关系转型的比较分析 [J]. 中国人力资源开发，2010（4）：71-74.

[237] 张妮. 群体劳动争议处置中的强制协商问题探讨：兼谈美国集体谈判中强制性条款的借鉴 [J]. 山东社会科学，2018（8）：115-121.

[238] 张锡良. 正确处理技术业务和参加集体生产劳动的关系 [J]. 中国地质，1965（11）：36-37.

[239] 张再平，夏佩军. 劳动争议处理刍议 [J]. 河北法学，1988（6）：22-24.

[240] 张再平.《劳动法》及其实施 [J]. 法学杂志，1997，4（1）：8-10.

[241] 张则瑜. 试析《劳动合同法》实施中有待明确的几大问题 [J]. 中国人力资源开发，2007（9）：84-86.

[242] 张俊九. 旗帜鲜明地维护职工群众的合法权益 [J]. 党建研究，2000（5）：6-9.

[243] 章恒忠. 论劳动与价值的关系：与骆耕漠同志商榷 [J]. 经济研究，1964（7）：25-31.

[244] 赵波. "以法之名"：企业劳动关系管理中的制度化策略 [J]. 中国人力资源开发，2020，37（2）：104-113，123.

[245] 赵小仕. 劳动关系的外部性与政府的规制调节 [J]. 财政研究，2009（1）：14-16.

[246] 赵颖惠. 当前我国企业劳动者权益保护的问题研究 [J] 人口与经济，2001（S1）：115-116.

[247] 赵映林. 对我党劳动立法的历史回顾与展望 [J]. 工会理论与实践，1996（6）：51-53.

[248] 郑东亮，王文珍. 国有企业劳动关系及其调整问题研究 [J]. 经济研究参考，1996，4（D7）：2-21.

[249] 之布. 试论劳动法在我国社会主义法律体系中的地位 [J]. 青海社会科学，1988（5）：117-119.

[250] 钟武强，卢荣秋. 联合产权制度与民营企业和谐劳动关系 [J]. 财经理论与实践，2009，30（5）：122-124.

[251] 钟兆修. 在发展生产和提高劳动生产率的基础上，相应地提

职工的工资水平［J］．统计工作通讯，1956（16）：12-14．

［252］周宝妹．劳务派遣法律关系研究［J］．法学杂志，2010，31（2）：71-74．

［253］周建永．国有企业中劳动关系的正确处理［J］．石油仪器，1995，9（4）：244-248．

［254］周学军，李黎青．基于"和谐"视角下的私营企业劳资关系特点分析［J］．企业经济，2008（8）：8-10．

［255］朱家琪，秦永青．浅析我国国有企业劳动关系的变化及企业利益机制的调整［J］．中国工运学院学报，1989（5）：59-61，76．

［256］朱家甄．建立有中国特色的集体协商和集体合同制度［J］．劳动内参，1996（4）：2-3，32．

［257］庄文嘉．"调解优先"能缓解集体性劳动争议吗？：基于1999—2011年省际面板数据的实证检验［J］．社会学研究，2013，28（5）：145-171，244-245．

［258］庄振华，周积泉．民主管理促使工厂企业更有活力［J］．社会科学，1982（2）：51-54．

［259］左文平．关于劳务派遣工权益维护问题的思考［J］．中国劳动关系学院学报，2010，24（6）：46-48．

［260］作沅．试论劳动生产率与价值、价格形成的关系［J］．经济研究，1964（1）：44-55．

［261］AHL B，CZOSKE P P，XU，C. Labour rights protection of foreign employees in China［J］．Asia Pacific Law Review，2020，28（1）：122-137．

［262］BECKER B E，GAO Y. The Chinese urban labor system：Prospects for reform［J］．Journal of Labor Research，1989，10（4）：411-428．

［263］CHEN Y P. Land use rights, market transitions, and labour policy change in China（1980—1984）［J］．Economics of Transition，2012，20（4）：705-743．

［264］Cheung M，Wu W. Leadermember exchange and industrial relations climate：mediating of participatory management in China［J］．Asia Pacific Journal of Human Resources，2014（2）：255-275．

［265］CHU J，FANG J. Economic policy uncertainty and firms´ labor investment decision［J］．China Finance Review International，2021，11（1）：73-91．

[266] COOKE F, WANG D, WANG J. State capitalism in construction: Staffing practices and labour relations of Chinese construction firms in Africa (Article) [J]. Journal of Industrial Relations, 2018 (1): 77-100.

[267] DONG X Y, XU L C. The impact of China's millennium labour restructuring program on firm performance and employee earnings [J]. Economics of Transition, 2008, 16 (2): 223-245.

[268] FRIEDMAN E, LEE C K. Remaking the world of Chinese labour: A 30-year retrospective [J]. British journal of industrial relations, 2010, 48 (3): 507-533.

[269] GALLAGHER M, GILES J, PARK A, WANG M. China's 2008 Labor Contract Law: Implementation and implications for China's workers [J]. Human Relations, 2015, 68 (2): 197-235.

[270] HONG N S. One brand of workplace democracy: The Workers' congress in theChinese Enterprise [J]. Journal of Industrial Relations, 1984, 26 (1): 56-75.

[271] HUANG W. Responsible pay: managing compliance, organizational efficiency and fairness in the choice of pay systems in China's automotive companies [J]. International Journal of Human Resource Management, 2016, 27 (18): 2161-2181.

[272] HUANG X, VERMA A. Industry- and firm-level determinants of employment relations in China: a two-level analysis [J]. International Journal of Human Resource Management, 2018, 29 (2): 399-419.

[273] LANSBURY R. Management at the enterprise - level in China [J]. Industrial Relations Journal, 1984, 15 (4): 56-63.

[274] LU Y, TAO Z, WANG Y. Union effects on performance and employment relations: Evidence from China [J]. China Economic Review, 2010, 21 (1): 202-210.

[275] LÜTHJE B, BUTOLLO F. Why the Foxconn model does not die: Production networks and labour relations in the IT industry in South China [J]. Globalizations, 2017, 14 (2): 216-231.

[276] PEARSON M M. Breaking the bonds of "organized dependence": Managers in China's foreign sector [J]. Studies in Comparative Communism,

1992, 25 (1): 57-77.

[277] QI H, LI Z. Putting precarity back to production: A case study of Didi Kuaiche drivers in the City of Nanjing, China [J]. Review of Radical Political Economics, 2020, 52 (3): 506-522.

[278] SASS M, SZUNOMAR A, GUBIK A, et al. Employee Relations at Asian Subsidiaries in Hungary: Do Home or Host Country Factors Dominate? [J]. Intersections-East European Journal of Society and Politics, 2019, 5 (3): 23-47.

[279] SWIDER S. Building China: precarious employment among migrant construction workers[J]. Work, employment and society, 2015, 29 (1): 41-59.

[280] TANG L, ZHANG P. Global problems, local solutions: unfree labour relations and seafarer employment with crewing agencies in China [J]. Industrial Relations Journal, 2019, 50 (3): 277-291.

[281] WARNER M. Industrial relations in the Chinese factory [J]. Journal of Industrial Relations, 1987, 29 (2): 217-232.

[282] WU Q, LI Z. Labor control and task autonomy under the sharing economy: a mixed-method study of drivers' work [J]. The Journal of Chinese Sociology, 2019, 6 (1): 1-21.

[283] XIE Z. The changing mode of legal regulation of labor relations in China [J]. Social Sciences in China, 2018, 39 (4): 96-113.